投資家は何を目安にして投資信託を選んでいるのか

役に立つ
投信選択基準を
Excelで！

山本喜則 著

税務経理協会

はじめに

投資信託への資金の流入が続いている。２０１４年途中から、その勢いは加速しているように見える。一つのきっかけは、毎年１００万円までの投資で参入できるＮＩＳＡが、今まで関心を持ちながら遠くから見ていた層を引き寄せたことにありそうである。ところが、現実には投資信託について、こうした新しい投資家側（ユーザ側）に立った説明がなされているケースは決して多くない。多くは供給（販売）サイドの説明、そして専門家であるＦＰによる各自のホームページやブログでの解説、こちらの方はユーザに役立つとしてもそれほどたくさんはない。

これらは人間が「発明した」経済活動の道具であるが、その仕組みについて説明がなされたとき、それら説明を読み理解した積もりでもどうも納得がいかないことがある。ならば何らかの手法で確認しようとするのは至極当たり前の行動で、ましてやサイエンスの立場で考えるならば、「他人の説明を鵜呑みにしないで疑問を持つ」ことは絶対に必要なことである。そして検証に使えるツールも現代は色々ある。

投資信託は、少し数学を知っていると分かりやすい。とはいえ、基本的には高等学校数学の基本レベルであり、大体複利計算の話が中心である。一般に、経済に関わる事柄に数学を用いることはあっても物理学で用いるような高等数学が必ずしも必要なわけではない（金融工学という分野ではたいそう難しい数学を使っているが、この分野の権威であるノーベル経済学賞受賞学者を複数抱えたファンドが、結局リーマンクライシスを予見できなかったことはよく知られている。難しい理論を用いるから信頼できるということにはならない）。

経済活動で現れる数学的な説明は、数理的な難しさより、各項目にそれぞれ経済上の意味が付随しているため、それが理解を難しくしている場合がある。投資信託も経済活動であるから似たような側面を持っている。しかし、数式やグラフを用いると案外すっきり理解できることもある。

本書ではそれぞれの項目の定義を見直して、数学もちょっと使いＥＸＣＥＬも活用して、通常必要とされている様々な指標の役割を、かなり懐疑的な（つまり本当に必要なのか？という）立場で論じている。

それぞれの投信を色々な角度から調べるには、パソコンやタブレット端末を用いてインターネットにアクセスする必要があり、それらのツールは必須である。さらに望めば、EXCELがインストールしてあると本文中の幾つかの検証を実際にやってみることができる。後半では、EXCELを用いて有用な指標等を導出する方法を簡単に説明している（EXCELの説明は基本的に2013に基づいている）。また、全体の話題の中心が現在主流の分配型投資信託になっていることをご了承願いたい。

そうして見直していくと、今や6000本以上あると言われる投資信託を選ぶに当たって、何が選択条件として大事なのかが浮き彫りになってくると考えている。供給サイドにとっては好ましくない指摘もあるかも知れない。一方でユーザサイドにも勉強を強いる結果になるであろう。

そもそも「お金を儲ける」ことは努力しないで得られることではない。なんとこの分野も勉強しなくては危ないのである。ましてや、耳寄りな儲け話がありますという誰かの話を真に受けるだけで良い結果を得られると思うのは、あまりにも虫が良すぎることだ。なお、本書は具体的な投信名を推薦するわけではない。それはＦＰの仕事である。
まあ、とにかく少し勉強してみましょう。

山本　喜則

☆
★

目次

はじめに

目次

第二部　ＥＸＣＥＬで簡単な経済事象の確認を……119

第一部　投資信託選択基準

第一部前篇　まず必要な比較項目

◎本書で現れる用語について

ここでは、新聞紙上で頻繁に現れ、本書で用いる幾つかの用語で、本文中で定義なしで用いているものについて簡単に説明する。

追加型投資信託と単位型投資信託

設定後もいつでも自由に売買できる（つまり追加購入ができる）タイプの投資信託を追加型投資信託という。信託期限が無期限、あるいは信託期限が設けられていても5年以上の長期であったり、期限を延長していくものが現在は多い。本書で扱う投資信託は追加型投資信託である。

一方、設定当初の募集期間中にしか購入できない投資信託を単位型投資信託という。信託期限は通常、定められていて最初の設定で償還時まで行くタイプである。

追加型投信を売買する場合、株とは異なり、売買できるのは1日1回である。

投資信託には、毎月や数か月毎に決算をして分配金を支払うタイプ（分配型）と、決算で利益が出ても分配金として支払わず、本体に組み入れて再運用するタイプ（非分配型）がある。それらの構造的な説明は、各投信販売会社で図などを用いて詳しく説明しているので、それを参照されたい。分配型の場合でも、もし再投資したならば今総額いくらになるかはチャートで表示されている。

本書では、このあと、これら二つのタイプの効率を詳しく比較検討する。

投資信託を購入する場合、手数料が要るものとそうでないものがある。手数料は、同じ投信でも販売店により異なることがある。手数料不要な投信は、ノーロード型と言われる。さらに、最終的に売却（解約）した場合、留保金を支払うタイプとそうでないものがあり、これらは全て販売時に明示されている。

REIT

不動産投資信託。たくさんの投資家から資金を集めて「不動産」を購入し、そこから生じる賃料や売却益を投資家に配当（分配）する商品である。投資家には株券と同様な投資証券が発行され、株と同じように証券コードが割り当てられていて、証券取引所で売買が可能である。

それぞれの企業が独自にＲＥＩＴを立ち上げて、市場で投資資金を集めており、一般に投資法人と呼ばれる法人形式をとっている。特に不動産関連企業が多いが、最近は流通業や福祉介護企業がＲＥＩＴを立ち上げる場合も見られる。日本の不動産を対象にしたものはＪ－ＲＥＩＴと呼ばれる。ＲＥＩＴは法人税が免除される代わりに、収益の殆どを投資家に分配しなければならないと法で定められている。

一方、これらのＲＥＩＴを幾つか組み込んで一つの投資信託としたものはＲＥＩＴファンドと呼ばれている（またはこれも単にＲＥＩＴと呼ぶこともある）が、これの扱いは金融会社によってはセクションが異なることがある。また、海外のＲＥＩＴやＪ－ＲＥＩＴを共に組み込んでいるものもある。

インデックス（Ｉｎｄｅｘ）型投資信託

インデックス型投信は、ファンドの基準価額が、ある指標（Ｉｎｄｅｘ）と連動することを目指して運用する投資信託をいう。Ｉｎｄｅｘとしては、日経平均株価やＴＯＰＩＸ、Ｓ＆Ｐ５００などが用いられる。

一般に、この型の投信で行われる運用の仕方は、パッシブ運用と言われ、運用者の判断で始終銘柄を入れ替えることはせず、特定の上場株式の株価指数に沿うよう銘柄を組み入れ、指数に追随した売買を行う。そのためインデックス型投信は、運用コストは低くなるのが一般的である。また、投資家にとっても身近な株価指数に連動しているため、シンプルで値動きが分かりやすく、株式市場全般に分散投資する際に便利であるとされる。

インデックス型投信には、追加型投資信託と、株式のように証券取引所に上場したETF（上場型投資信託）がある。すでに述べたように通常の投資信託の売買は1日1回であるが、ETFは、株式のように1日何度でも売買が可能である。

一方、ファンドマネージャーが市場の状況を見ながら積極的に銘柄の選別・入れ替えを行って市場平均を上回る成績をあげることを目指す運用方式はアクティブ運用と言われる。現在、多くの投資信託がこの方式により、運用成績を競っている。

モーニングスター株式会社

当初は米国モーニングスター社と日本のソフトバンクのジョイント企業として発足し

たが、現在はＳＢＩホールディングスが筆頭株主の企業である。日本における投資信託の格付け評価を中心として、アナリストらによる世界規模の金融・経済情報の提供を機関投資家および個人投資家向けに提供している。

本書では、モーニングスターがＨＰ上で提供している情報を色々利用している。ちなみにモーニングスター本社は六本木泉ガーデンにある。

マネタリーベース

日本銀行が供給する通貨のことを言う。具体的には、日本銀行券発行高と貨幣流通量、および金融機関が預金の払い戻しなどに備えて日銀に預けている「当座預金」（日銀にはこの当座預金口座がある）の残高の合計でベースマネーともいう。日銀は、不景気のときは金融機関が持つ国債を買い上げることで市場にマネーを供給して（マネタリーベースを増やして）、経済を刺激しようとする。逆に景気が過熱しているときは、日銀が持つ国債を金融機関に売り払って資金を吸い上げ（マネタリーベースを減らして）、過度のインフレやバブルの発生を防ぎ、安定的な経済成長に誘導する。

日銀はこのように国債の売り買いによって当座預金残高を直接動かせるので、マネタリーベースは金融政策の姿勢を示す一つの指標になっている。

経済状況が不活発で投資資金があまり必要とされない時期には、日銀が各金融機関に供給したベースマネーが、実際の貸し出しに回らないことが起こる。このときは当座預金口座に残高が積み上がってしまうため、当座預金残高は景気を見る重要な指標になる。これらの値は、定期的に日銀の統計に関わるＨＰに掲載されており、誰でもダウンロードしてＥＸＣＥＬなどで活用することができる。

１９９４年までは「公定歩合」という、日銀が金融機関にマネーを貸し出すときの基準金利に連動するよう民間の金利は規制されていたが、その後金融自由化が導入されてこの方式は使われなくなった。代わりに、日銀は、短期金融市場で国債や手形を買い取る操作（買いオペ）やその逆の操作（売りオペ）を行って「無担保コール翌日物（後出）の金利」をコントロールし実質的な政策金利の実現を図った。

２０１３年、日銀は量的・質的金融緩和の導入を決定し、金融市場調節の操作目標が無担保コール翌日物金利からマネタリーベースに変更された。

長期金利

償還期間の長い債券や満期までの期間が長い金融資産や負債の金利のことを言う。期間1年以上が中・長期（未満は短期）とされるが、10年もの長期国債の金利がわが国では代表的な長期金利である。

長期金利は、住宅ローンなど、長期融資の金利に影響を与える。例えば不動産分野が活発化するには住宅ローンの利用者が増えることが重要であり、それには長期金利が低い方が望ましい。（長期）国債が市場で値上がりすれば長期金利は低下し、値下がりすれば長期金利は上昇というように、長期金利も「相場」として動いている。

無担保コール翌日物

無担保コールオーバーナイト物とも呼ばれ、コール市場において取引される「無担保で翌日には返済する超短期の資金のやり取り」のことである。コール市場とは、銀行などの金融機関同士が短期の資金の貸借を行う金融市場で、金融機関は、日々の手元資金の過不足を調整する貸借の場としてコール市場を利用しており、余剰分があれば貸し出し、不足分があれば借り入れるという取引が機動的に行われている。

この無担保コール翌日物の貸し借りの金利は、マーケットにおいて「無担保コール翌日物金利」と呼ばれている。この値は、日銀による金融調節の操作目標にも採用され、日本の代表的な短期金利の指標として現在も重要視されている。日銀は、毎月の金融政策決定会合において、金融経済情勢の検討の下で金融市場の調節方針を決定する。その中でこの金利の水準を示して市場を誘導している。

相関係数

2つの変量の増減が、互いに関係があるかどうかを示す統計学的指標である。一方が増える（減る）と他も増える（減る）関係にあるとき、正の相関があるという。一方が増えると（減ると）他は減る（増える）関係にあるとき、負の相関があるという。

正の相関の最も強い状態は相関係数が1、負の相関の最も強い状態は相関係数が-1、相関が全く見られない状態は0になる。相関係数は、2つの変量の直線的な関連の強さを表す尺度であるが、多くの事象に応用される。第二部で、EXCELを用いた使い方を少し詳しく述べる。

◎投資信託普及の背景を見る

わが国の株の世界で、長いデフレの時代にうまく利益をあげられた個人投資家がどれだけいただろうかという議論が時折起こる。知られているように東京証券取引所でも超高速コンピュータ取引が行われていて、数十か月負け無しなど信じられない成果が聞こえてくることがある。利益をあげた側には、携帯端末ゲームやバイオなど長期的なトレンドに早くから乗って大きな利益をあげた個人投資家も含まれるだろうが、この分野とて当然コンピュータ取引のターゲットになっている。

一方で、ちっとも上向かなかった経済の下で一時的に囃された銘柄に乗ってみたが梯子を外されて結局その株を塩漬けにするしかなかった個人投資家は多い。どうしてこういうことが起こるのだろうか。

陰謀論的に物事を論じようとする人たちは、要するに業界に身を置く人たち、いわゆる機関投資家達は新しい情報をいち早くキャッチできる立場にいるから対応が速くできるのだと言う。確かに、一面の真理のように聞こえるがインサイダー情報でない限り、新しい情報も今は瞬時にマスコミに出てくる時代である。注意していれば個人でもキャッチできる。違いがあるとすれば、その情報をどう生かすか対応の仕方にあると思われる。時系列で表示された株価のチャートについて、色々な読み方を説明する書物も出ているし、ネット上にも記載されている。それらをよく知っている個人投資家も多いであろう。しかしながら、それでもなかなかデフレ時代には勝てない。

さて、再びコンピュータによる超高速取引である。特定の指標を満たす限り株価が上がり続けとんでもない高値になっても買いが入り、次には一気にそれを売り抜ける。逆にまるで0円に近い株価に落ちることもある。こんなことが1／1000秒以下の瞬時にそして膨大な個数起こっている。ところが、売買があれば記録に出るはずなのに、日々の株価チャートには全く現れていない。なぜなのだろうか。

日々示される株価チャートは1／1000秒単位の表示などはない。1秒の間には全て完了して元に戻っていれば我々が見るような精々1分単位の大まかなチャートには表示されないのである。もちろん、コンピュータのバックログには残っているはずであるが。

ますます高速化する取引は世界の趨勢だから、個人が経験と勘で太刀打ちするのはどうも難しくなる形勢である。一方で、近年、投資信託が急速に人気を博している。NISAの導入ももちろん理由の一つであろうが、もっと「ゆっくりしたペースで考えることのできる投資対象」として浮上した側面があるように思える。運用はプロの手に任せるとしても、投資家が条件反射的に対応しなくてはならないというような世界でないからである。

そうした投資信託の中で、分配型特に毎月分配型投資信託はここ数年、急激に増えて、中には高い分配金で誘いながら実は運用はうまくいってないものもあるらしいと、金融庁が規制に乗り出してきた。

いわゆる金融関係の専門家は、概して毎月分配型に対して批判的である。それは、毎月分配すればファンドの総額はその度に減るし、毎月払う分配金もその都度税金を取られて減る。だから効率がよいはずがないという理由に基づいている。日経新聞でも「大型長寿、毎月分配型のリターン、複利上昇効果の剥落鮮明（4月17日付）」と、ある種、ターニングポイントに差しかかっていると伺わせる記事である。

本当に効率がよくないのかはこの後で具体的に比較をしてみたいが、こうしたネガティブな批評や、金融庁まで加わった「お節介」、そして非分配や決算回数を大きく減らした「成長型ファンド」の新規導入にもかかわらず、2014年も依然として分配型への資金流入の方が優位にある（4月24日、日経新聞）。特に高齢者を中心にした圧倒的な支持は続いていて、単に消費者が無知だから危ない商品を買っているのだと決めつけられないようにも見える。何が本当の理由かを探すべきなのかも知れない。

◎分配型と非分配型の比較

毎月分配型投信について専門家による否定的な批評は至るところで見かける。表向き批判していないようでも読んでみるとかなり否定的に論評しているケースは多い。

にもかかわらず、毎月分配型や数か月おきの分配型はちっとも減らず、高齢者が年金補填を意図して購入しているからだなど、実は仕組みをよく理解していない素人投資家が目先の利益に釣られて参加していることが原因と言わんばかりの分析は、依然有力である。

はたして、投資家は仕組みをよく知らないまま、目先の利益に釣られて参加しているのかどうか、これは知る由もないが、そうした批判が本当に的を得ているのか投信の仕組みについては検証しておく必要がありそうである。

さて、分配型に対する批判とは具体的に何か、根拠になっている最も大きな理由は、次の点と考えられる。

こうしたファンドは、たとえ分配金再投資コースを選んだ場合でも、毎月の分配金から自動的にまず約20％の源泉徴収がなされ、残りが投資される。つまり、投資に回る原資が税徴収分減るので（税金が最後の売却時にのみ徴収される）非分配型より、増え方がゆっくりになる。言い換えれば「税の繰り延べ効果」が得られないから最終利回りは下がってしまい、非分配型より不利である。

はたしてこうした批評は正しいのか？ネット上で見る限り、きちんと計算式を用いて比較検討している批評はあまりないようである。

そこで以下のような条件の下、毎月分配型と非分配型で一定期間後、「税控除後の実質手取り」にどの程度差が出てくるか、受取額を計算してみよう。ここで毎月分配型は、毎月の分配金受取後再投資しない場合と、する場合どちらも計算する。基準価額は通常1万口の金額であるが、1万口を本書では、便宜上1ユニットと呼ぶことにする。

［仮想条件］

＊運用開始時点の基準価額2万円の投信を1ユニット保有する。
＊2014年4月1日に運用開始、10年後の2024年3月31日に売却する。
＊投信運用の成績は、毎月分配型も非分配型も同じとする。
＊簡単のため、投信購入時の手数料は無視する。つまりノーロードを前提にする。
＊同じく簡単のため、元本取り崩し、つまり特別分配金は生じないとする。

さらに、以下考えている期間のあいだ、基準価額が変わらないという前提を設ける。これは現実にはあり得ないことであるが、計算を簡単にするためこの前提で話を進める。

一般に、基準価額は、投信の目的であるビジネスによる収益、資金流入・流出、税金支払などの計算処理をした残りをそのときの口数で割って得られる。通常は1万口を単位とする値になる。この値は当然のこと変動する。例えば、分配金を払うと大量に資金が流出するから一気に基準価額は下がる（その後のビジネスが順調であれば、またそのうち回復するわけであるが）。

分配金を再投資する場合、基準価額の値で分配金を割って再投資に回す口数が算出されるが、基準価額が変動すると算出される口数は変化する。

コンピュータプログラムでは、こうした計算を行うプロセスを書いておいて毎日泥臭く実行することになる。しかし、この様子を一般的な数式に表すことはかなり難しい、というかあまり意味はない。特にここでは、上に述べたような比較を行うことが目的なので、どれも同じ条件で行えばよい。そこで不自然ではあるが、基準価額が変わらないという前提で立式をしていこう。

前記の条件の下で、次の二つの場合を考える。

Ⅰ　普通よく見られる程度の分配金：投資金額2万円に対して毎月80円、つまり0.4%が支払われる場合

Ⅱ　高いレベルの分配金：同400円、2%が支払われる場合

比較計算シミュレーションそのⅠ　…普通レベルの分配金が支払われる場合

毎月分配型

CASE1（分配金受取再投資せず）：分配金として10年間毎月80円が支払われるが、この分配金から20%の源泉税が徴収される。残り64円を単に銀行当座預金口座なりに置いておいて10年後に全てを元金2万円と合算する。------税込年利回り4.8%

CASE2（分配金受取再投資）：分配金として10年間毎月80円が支払われるが、この分配金から20%の源泉税が徴収される。残り64円を再投資し継続運用させる。なお

このファンドは運用から得られた収益を全て分配する。

非分配型

分配金は発生しないが（ただし、内部では毎月0.4％に相当する利益が出ている）、運用期間が終了する２０２４年に、当初出資額２万円を上回った部分（収益部分）に対し、20％が一度に課税される。

では、それぞれの場合に10年後、手に入る金額はいくらになるであろうか。

毎月分配型

ＣＡＳＥ１：10年後の資産残高は、２万円＋64円×12×10＝2万７６８０円

ＣＡＳＥ２：元金２万円で64円を生む利率は０・32％（計算上は０・００３２）。

これの120か月複利計算であると言えるから元利合計（資産残高）は

（１＋０・００３２）^{120}×２万円＝２万９３４５円（小数点以下四捨五入）

非分配型

毎月出る利益は課税されないので、0.4%そのままで120か月の複利計算を行う。10年後の元利合計は、（1＋0.004）^{120}×2万円

これから元金2万円を引いた金額が20%課税の対象になる。

よって最終的に手元に残る金額は（小数点以下四捨五入）

（（1＋0.004）^{120} × 2万円 －2万円）×0.8 ＋ 2万円

＝2万9832円

毎月分配型で分配金をただ受け取るだけの場合CASE1が確かに一番少なく、最も多い非分配型はCASE1の約1.08倍である。しかし、この程度の差では、10年間税を繰り延べした効果が大きいとはちょっと言えないかもしれない。CASE1で毎月受け取った投資家は、その分配金を他の何か別なものに投資して利益をあげることができるかも知れない。CASE1以外は、生成される利益の行き先が決まってしまっている。これをどう評価すべきだろうか。

比較計算シミュレーションそのⅡ　…高いレベルの分配金が支払われる場合

普通レベルの分配金が支払われる場合と考え方は同じで、分配金の額だけが異なる。

毎月分配型…

CASE1（分配金受取再投資せず）：分配金として10年間毎月400円が支払われるが、この分配金から20％の源泉税が徴収される。残り320円を単に銀行当座預金口座なりに置いておいて10年後に全てを元金2万円と合算する。┈┈税込年利回り24％

CASE2（分配金受取再投資）：分配金として10年間毎月400円が支払われるが、この分配金から20％の源泉税が徴収される。残り320円を再投資し継続運用させる。なおこのファンドは運用から得られた収益を全て分配する。

非分配型：

分配金は発生しないが（ただし、内部では毎月2％に相当する利益が出ている）、運用期間が終了する2024年に、当初出資額2万円を上回った部分（収益部分）に対し、20％が一度に課税される。

では、それぞれの場合に10年後、手に入る金額はいくらになるであろうか。

毎月分配型

CASE1：10年後の資産残高は、2万円＋320円×12×10＝5万8400円

CASE2：元金2万円で320円を生む利率は月1.6％（計算上は0・016）。これの120か月の複利計算であると言えるから元利合計（資産残高）は$(1+0.016)^{120}$×2万円＝13万4362円（小数点以下四捨五入）

非分配型

毎月出る利益は課税されないので2％。これでそのまま120か月の複利計

算を行うと元利合計は、(1＋0・02)^{120}× 2万円
これから元金2万円を引いた金額が20％課税の対象になる。
よって最終的に手元に残る金額は（小数点以下は四捨五入）
((1＋0・02)^{120}× 2万円 －2万円)× 0.8 ＋ 2万円
＝17万6243円

今回は、非分配型は最も増えないCASE1のおよそ3・02倍になる。非分配型はCASE2に対しても、およそ1・31倍になるから非分配型の方がずっとお得ですよと確かに言えそうである。

結局、これらの計算シミュレーションからは、概ね次のような総合評価が言える。

＊収益率の低い商品では、毎月分配型（再投資しないものに対してさえも）と非分配型の差はほとんどない。また、期間が短いならば差はさらに小さくなる。

＊しかし、収益率の高い商品では、「税の繰り延べ効果」は大きく、毎月分配型の投信は圧倒的に不利である。

◎判断のポイントはどこに？

ここで最終的な判断をするための大事なポイントがいくつかある。

第一に、前述のシミュレーションは、簡単のために基準価額が下がることを考慮していない。実は基準価額が下がるときは、分配金を再投資すると、資産は再投資しないで単に現金を受け取る場合より目減りする。受け取ったお金の価値が、例えば現金1000円は1000円の価値であるのに対して、再投資するため投信に変換したあとで基準価額が下がってしまうと1000円以下の価値になってしまうからである。これは非分配型でも同じことである。

　このことをここでは数式で説明しないが、例えば、モーニングスターのどれかの投信のチャートで、分配金受取のチャート（CASE1の場合）と受取再投資（CASE2）のチャートを比べてみるとよい。右肩下がりのときはCASE2の方がCASE1の曲線の下に来ている場合がある。つまり基準価額が下がり続けるような市場の状況だと、再投資するより、お金で受け取ってしまう方がよいことを意味している。このことは長いデフレの時代に、本来総資産価額を増やすには有利なはずの非分配型が意外に好まれなかった理由でもある。

　第二に、ここでは10年という期間で比べたが、現実の投信は5年後くらいに償還日を設定しているものも多い。無期限のものでも、投資家は数年後に他へ乗り換えたりしてそう長い期間持ち続けない場合も多い。分配金が出る再投資型のものも非分配型のものも複利計算を用いることに違いはなく、数学的に見れば複利計算のカーブは累乗曲線（指数曲線）である。これは後にいくと急激に立ち上がるが最初はなかなか立ち上がらない。つまり長い期間保持しないのであれば、分配金を現金で早く手にしてしまった方が、別な投資を考える原資になるだろうという見方もできる。

第三に、ここで示した最初の事例程度の利回りは普通に見られるが、二つ目のような毎月2％年間24％などという高利回りが実際はあるのだろうかという疑問である（こんな高利回りを逆に借りる場合としてみたら完全にヤミ金融の世界である）。まあ、幾つかは存在するようであるが、長い期間その状態を維持できるとは考えにくい。

毎月分配型への資金の流入が減らないのは、ある程度高い分配金を出している投信の場合のようである。実際、大型ファンドであっても、収益が少なく資金流出が続くので分配金を下げたら、ますます資金流出が激しくなってしまったものもあり、分配金を減らすことは悪循環に陥る理由になり得る。かと言って、無理に分配金を出せば、資金が底をつき、早期に解散しなくてはならなくなるかも知れない。ファンドマネージャーには重大な判断が任されるが、ユーザ側はどこを見て判断するべきなのかはこのあと議論していこう。

◎非分配型（成長型）について、さらに続きを

非分配型投信が一定期間過ぎて、順調に価額が上がってきたとしよう。この段階で、新たな顧客が購入を検討しているとする。さて、顧客は何を一番心配するか、もちろん、これからも今までのように上がるだろうかということが真っ先に来る。上がらなければ、元々分配金がないのだからいわゆる塩漬け状態になってしまい身動き取れなくなるかも知れない。では、何を見て顧客は上がるか上がらないかを判断するのだろうか。

例えば株式連動型（Ｉｎｄｅｘ型）投信の場合だと、株式市場の状況をよく見て判断することになるが、株の世界で今後上がるか上がらないかの判断はもっと難しい。はっきり言ってプロと言える人たちでもいつも当たるわけではない。

この間、**日本のマネタリーベース／米国のマネタリーベースの値と円／ドルの値（為替）**

に強い相関関係があるといわれ、さらに、円／ドル為替の値と東証株価の相関関係が強く見られる（円安は株高、円高は株安）ということから、日本のマネタリーポリシーは大きく緩和の方向に舵を切った。これがいわゆるアベノミクスの根幹部分と言われる（このことは、第二部で後ほど、ＥＸＣＥＬを用いて実際に確かめてみよう）。

さて、仮に強い相関関係があるとすると今後も株価が長く上がり続けるためには、ずっと円安が進まなければならない。でないと相関関係が無くなってしまう。しかし、円安の方向に今後もずっと進んでいくなんてことは、どうも直感的に変である。

１ドル１００円が１２０円に、そして１５０円、２００円になって行くというアナリストもいるようだがかなり極端な話。そもそもマネタリーベースを操作することで、人工的に為替を操作できるとする考え方に基づけば、中央銀行はずっと大量のベースマネーを市場に供給し続けなければならない。当然バブルが起こり、いつかは破裂する。あり得ない選択である。

だとすると、大局的には、成長曲線のようにどこかで何となくの天井がある。つまり株式連動型投信は、少なくとも日経平均やＴＯＰＩＸ連動型ならば、どこかで天井がくることが予想される。天井に近い頃に参加した顧客は、遠からず塩漬けか、別な選択をしなければならなくなるだろう。さて、こういう場合、ＦＰ達はどのような戦略を示すのだろうか？

このことに対する答えは至極当たり前の戦略を採るようである。つまり、より成長が見込める別な投信に乗り換えることを勧めるということで、通常の株式投資と同じことである。ただし、ビジネスで投信を扱っている側ならば手数料不要のノーロード投信を勧めることは考えにくく、新たに買付の手数料が発生することになる。成長が見込め人気のある投信は３パーセント程度の手数料などを設定しているから、その分を取り返せるかも考えに入れて乗り換えるかどうか決める必要がある。

教授のひとりごと

要するに自分がいま、どっちが必要か見極める、まあ自分の問題かな。

◎個別元本とは何か

収益分配金再投資の通知には、個別元本とか取得元本という項目があり、金額が記入されている。これは何だろうか。そこで、次のように大変簡単な場合を想定してみることにしよう。

仮定　基準価額1万円の投信を１００ユニット（1ユニットは1万口分としている）購入。
　運用の結果分配金が1期後に２００円×1ユニット分、2期後に１５０円×2ユニット分出て、それぞれ全額再投資した。

　現実には、期毎に分配金額が頻繁に変わるのは希である。また、分配金がちょうど1ユニット分など整数値になるように算出されることは理屈ではあり得ても現実にはなかなか無い。しかし、現実的な数値にすると煩雑で何が要点であるか分からなくなるので、この仮定で考えていこう。
　さて、この投資家が出資した総額は次のようになる。

　　投資総額＝1万円×１００＋２００円×1＋１５０円×2

この式は、図表1-1のように変形できる。

$$\frac{\dfrac{10000\times100+200\times1}{100+1}\times(100+1)+150\times2}{100+1+2}\times(100+1+2)$$

図表1-1　投資総額と個別元本の関係

ここで、内側の分数の分子

１万円×１００＋２００円×１

は、１期目の終わりに持っていた投信の総額である。したがって、総ユニット数１００＋１で割った結果は、そのとき持っていた投信**１ユニット当たりの価額（平均値）**ということになる。これが１期目の終わりの個別元本というものである。

同様に、（この１期目の個別元本を含んだ）外側の大きな分数は、２期目の終わりに持っていた投信の個別元本である。

式では、最後に保持しているユニット数１００＋１＋２をかけている。つまり、２期目の終わりの個別元本の分母１００＋１＋２と消去し合って、全体は元の投資総額と一致するわけである。

一般化すると

最後の個別元本の値に保持しているユニット数を掛ければ、今までに自分が投資した金額の総額と一致する

ということになる。

投資信託を持っていると、「現在の個別元本はこの金額です」という金融機関の書類が送られてくる。この数字は、もし今売却（解約）することになった場合、いくら税金を払えばよいのかという計算に使える。再投資していく累投型の場合は最終的に自分はいくら投資したことになったのか分からなくなるが、このとき個別元本の数字を活用できる。

累投型売却時の税金計算は、このあと別なページで実例に基づいてチェックしていく。

投資信託を基準価額が高いときに買ってしまった場合、すぐに売却しないとしても仮に今売却したら損はどのくらいだろうかと心配は尽きない。そんなとき、今までの総投資額そして売却後の金額が分かれば対策もたつだろう。

ちなみに、モーニングスターのＨＰには、本書で対象にしている追加型投資信託の個別元本について次のような記述がある。受益権口数とは、本来の投信の口数である（本書でのユニット数×１万）。

個別元本＝（追加購入前の投資総額　＋　追加購入にかかった投資額）
　　　÷　追加購入後に保有している受益権口数

※図表1-1で言えば、追加購入前の投資総額＝内側の分数×（１００＋１）
追加購入にかかった投資額＝１５０×2
追加購入前後に保有している受益権口数＝１００＋１＋2
と考えれば見やすい。ただし、受益権口数は図表ではユニット数になっている。

◎その投信が上手く収益をあげているかは何で調べるか？

その1

分配金利回りがよい投信が好まれるのは当然であるが、しかし投資する側から見れば、その投信は安全なのか、遠からず分配金を減らしたり、果ては解散しないだろうかなど色々心配になる。では、通常専門家は何を見て判断しているのだろうか。以下は、投信解説書に通常記載されている事柄をまず説明しよう。

投資信託にはその運用報告書に、6期毎の報告ならばその間の分配金原資の内訳を示した図表1-2のような表が出ている。これは収益分配金が、「運用の結果生じた利益なのか」それとも「何か他のところから持ってきたものなのか」を知る上で最も重要なものである。

＜分配原資の内訳＞	単位:円、1万口当たり、税込み					
	第78期	第79期	第80期	第81期	第82期	第83期
当期分配金	80	80	80	80	80	80
当期の収益	23	10	5	11	7	16
当期の収益以外	57	70	75	69	73	64
翌期繰越分配対象額	8264	8185	8103	8027	7950	7903

図表1-2　分配原資の内訳

例えば、第78期は、80円の分配金のうちで、23円分（28.75％）が運用による収益から得られていて、**残りの57円分は「他から」持ってきて支払った**ということを意味している。ほかの期の場合は運用による収益の比率がもっと悪くなっていてどうも運用成績があまりよくない投信のように見える。

ここで、翌期繰越分配対象額とは、会計上認められている繰越用留保金である。主に、過去に収益から分配金を支払ってもなお残った収益残積み立て分である。「他から」持ってきたとは多くの場合、積み立てられている翌期繰越分配対象額を一部取り崩して分配金を支払ったということである。実際、第80期は最も収益から支払われた比率が低いため、第79期の繰越対象額から最も大きな減少が起こっている。

こういうことを続けていると80円などという分配金はそのうち無理で、減配することになるだろうという見方が普通と思われる。最悪の場合は投信としてやっていけなくなるのではないかと心配も出てくる。

◎その投信が上手く収益をあげているかは何で調べるか？

その2

一般に、債券投資において、国債や地方債、社債などの債券（利付債）の購入価格に対する1年間に受け取る利息の割合を、直利（直接利回り）という。投資信託には、債券を対象にするものがたくさんあり、その運用報告書には直利が記載されている。多くの投信の運用報告書はネット上に開示されていて、自由に見ることができる。代わりに図表1-2のような表はないことがある。投信の場合の直利は、基準価額に対する収益の割合と考えてよい。不思議なことにきちんとした定義の違いを見たことがないが、株式やREITを対象にする投信では、平均利回りという言葉を用いているようである。

例えば、基準価額が5000円、直利が6％の投信の場合、収益の月平均値は

5000×0・06÷12＝25円

仮に、ある期の分配金が80円ならば、

25÷80×100＝31・25％

が収益で賄われていることになる。先ほどの表の考え方とは逆の方向から計算していくわけである。なお、もう一つ、最終利回りという指数があるが、これは最後に売って、

購入金額、今までの分配金や売却益など全てを考慮した場合の利回りで、ここでの直利ではない。

教授のひとりごと

運用報告書で分配原資の内訳を探しても見つからない投信や、あってもずっと後ろにひっそり書いてあるものが案外多い。あまり大事だと思っていないのか、それとも積極的には見せたくないのかな。外資系のファンドは寧ろ最初の方に記載されているが…　はて？

◎税金はいくら払うの？

累投型

投資信託を売却したとき、課税対象になる金額はどのように算出されるのかを調べておこう。

課税対象になる利益とは、要するに売却時に最終的に手元に残った金額から、投信を購入したときに支払った金額を引いた結果である。

分配型投信で、分配金を受け取って再投資しない場合は仕組みが簡単なので、最初から自分で計算することは難しくない。ネット上に色々計算例が出ているのでそちらに任せたい。ここでは、分配金を再投資するいわゆる累投型投信を売却した場合を考える。

累投型は、分配金が発生しないで元本に組み入れていくタイプ（非分配型）と分配金が発生して税金や再投資手数料を引いた残りを再投資するタイプがある。どちらも、長い月数に渡ってこの処理を繰り返すから、ユーザ自身が全て最初から計算してみることは現実的には無理である。そのせいかネット上にも計算例は見かけない。

各運用・販売会社は、コンピュータで計算した結果を、購入時／売却時や決算時に通知してくる。もし、これさえあれば何でも計算できるというオールインワンの数式があるならば、投資家がそれを手に入れて計算させれば通知内容と同じ結果を自分で出せる。しかし、累投型の様々なプロセスを唯一の式で記述したコンピュータプログラムなどは到底考えにくい。作れるとしても大変複雑で大きな数式になるはずである。実際のプログラムは、一つ一つのプロセスを言わば漸化式のような形で記述して計算し、計算結果を順次、次のプロセスに渡して処理し、最終結果を得ている。人が昔電卓を使って計算していった過程をプログラムに記述して、泥臭く、しかし高速に計算を繰り返して結果を得ている世界だとも言える。

一方、運用会社から送られてくる通知書は、各項目についての説明があるわけでないので、率直に言って分かりにくい。

そこで、ここでは、一連の通知書を仮定して、実際に損益額が算出され税金計算がなされるまでを追ってみる。

考えている累投型投信は、購入時の手数料があり、解約時留保額があるタイプとする。売却（解約）した口数は１０００００（百万）口、本書で言う１００ユニットで、売却時の基準価額は９５５５円、解約時留保額は０・３％である。図表1-3のような通知書が３通送られてきた。

取引報告書の単価はどこから出てきたものか。当日の基準価額が９５５５円なので解約時留保額０・３％を引くと残りは、

９５５５×０・９９７＝９５２６・３３５・・＝切り上げて９５２７円となる。

つまりこの金額は既に留保額を差し引いた額になっている。これに個数１００ユニットをかけた値が、売却で出てきた金額、約定金額である。

取引報告書

ABCﾌｧﾝﾄﾞ

取引	数量(口)	単価	約定金額(円)	課税対象金額(取得元本)(円)
解約	1000000	9527	952700	9351

譲渡損益額のお知らせ

当日の損益額	源泉徴収額	所得税	住民税
3000	609	459	150

投資信託残高における損益状況

ファンド名称	個別元本	課税取得単価	投資金額(以下省略)	
ABCファンド	9351	9497	×××	

図表1-3　投信の損益計算書

では課税対象金額9351円はどこから出てきたものか。ここには取得元本（個別元本）とも書かれているから、既に本書で述べたように、ユニット数をかければ購入時に支払った金額が出てくるはずだが、その時の手数料はどこに書かれているのだろうか。それは、損益状況の書面の課税取得単価に現れている。

この部分の課税取得単価が購入時の手数料も入れて算出された個別元本だということである。よって売却時の利益は

（9527－9497）×100＝3000円

と算出される。これに対しておよそ20％の税金がかかっている。

この事例で分かるように、累投型の場合は、分配金が組み入れられるので取得元本金額が変動していく。実際に最初支払った金額がそのまま購入価額とはならないことが、分配金受け取り型と異なる。なお、再投資計算には端数処理が行われるため、低い位の数値は手計算と異なることがある。

第一部後篇　様々な指標とその活用

◎トータルリターンはどうやって求める？グラフで分かるの？

モーニングスターによる各投信の詳細説明には必ずトータルリターンという項目がある。これは価格の増減に分配金や利払いを加えたものを、投資コスト（購入金額）で割って求めた値で、一般に％で表示される。または、次のように書くこともできる。投資において、インカムゲイン（金利、配当、賃料収入など資産を保有することで得られる収入）にキャピタルゲインまたはキャピタルロス（投資した当該資産価格の変動利益または損失）を加えた値の投資金額に対する比率。

例えば、ある投資信託を基準価額1万円のとき購入して、1年後9400円に下落したが、この間に得られた収益分配金が1000円であったとしよう。結局差し引きいくらの得なのか？と言われたら、誰でも、次のように計算するだろう。

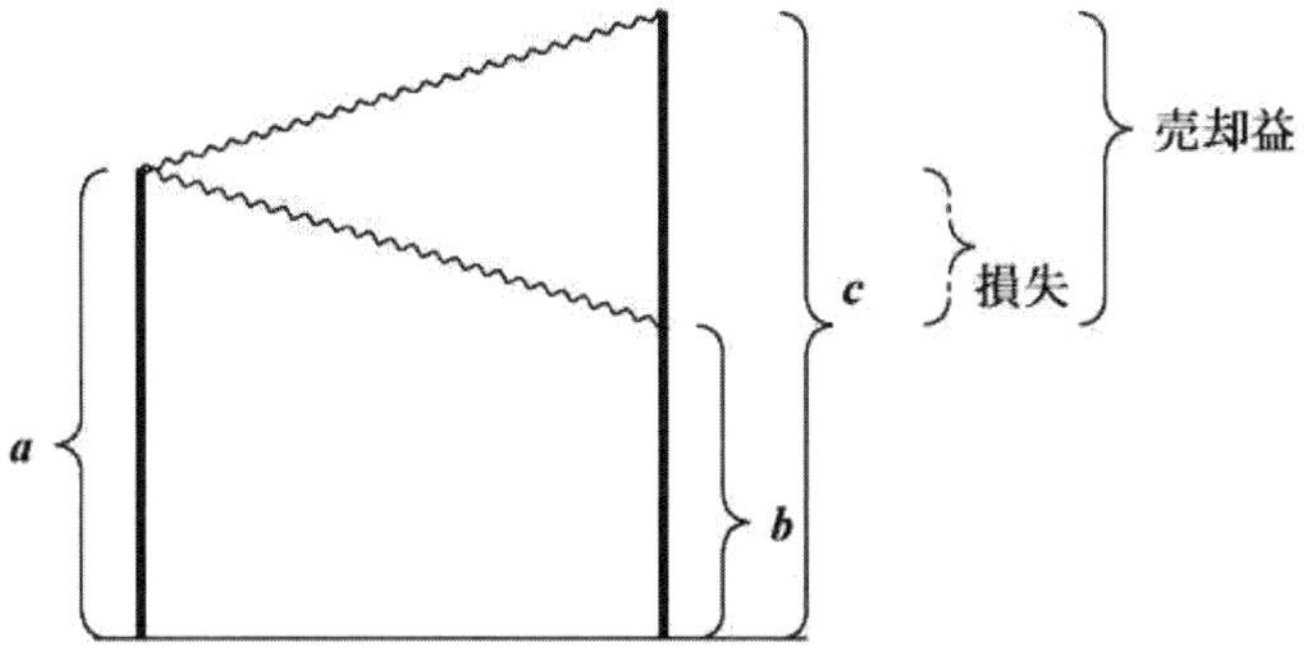

図表1-4 トータルリターン算出の基本図式

１０００円入ってきたが（インカムゲイン）、
売ったとすれば９４００円－１万円
＝６００円の損（キャピタルロス）
だから分配金と合計して、
１０００円－６００円＝４００円の利益
これで正解で、トータルリターンは
４００÷１万×１００＝４％
となる。

ところが、モーニングスターのＨＰ上に記載されているトータルリターン値は、分配金を全額再投資した場合として算出される。単純に図示すると図表1-4のような状態である。

期初の基準価額 a 円の投信が、期末の基準価額 b 円の時に売却。しかし、分配金再投資しているので実際に得た金額は c 円になったことを意味している。
このとき、得られた利益・損失は

売却益（$c-b$）＋損失（$b-a$）＝$c-a$ 円

よって、トータルリターンは

$$\frac{c-a}{a}\times 100\%$$

この式が示すように、**トータルリターンは、売却時に（再投資しない場合の）基準価額がいくらであったか（つまり b）には関係しない**ことが分かる。

さてこの図は、1期だけの事例ではないか、実際は何期も運用しての結果のはずという疑問も出そうである。そこで、もう一つの例を考えてみよう。

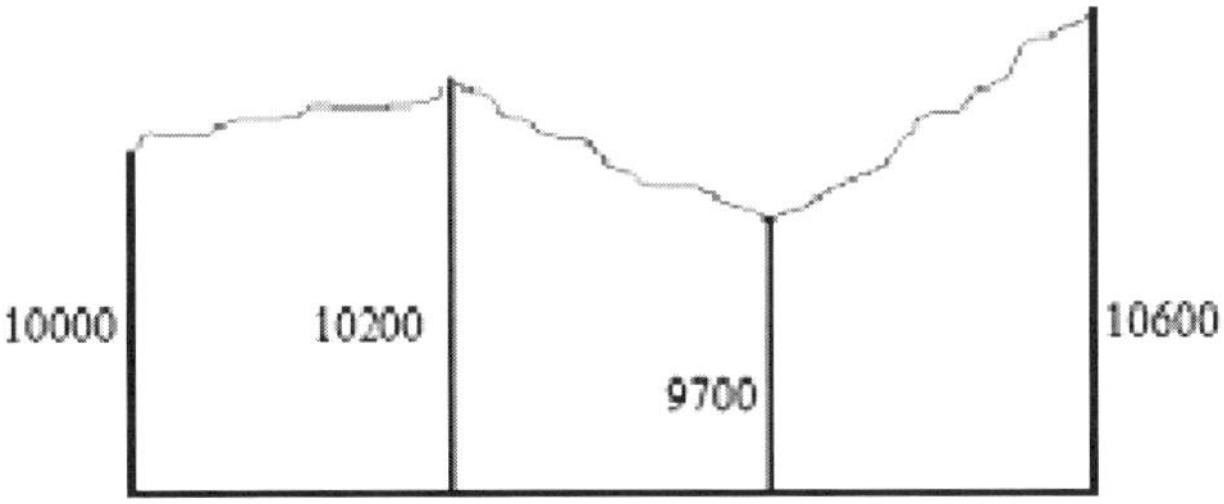

図表1-5　数期に渡る投資のトータルリターン

図表1-5は、基準価額１万円で購入した投信が、１期後に１万２００円、２期後に９７００円、３期後に１万６００円になった場合を示している。ここで、収益分配金は全額再投資している（いくら分配金が出たのか記載がないが、この例の結果から知られるように実は計算上不要なのである）。

このような、何期にもわたる場合でも、トータルリターンの計算は基本的に同じであって、最初と最後があればよい。ここでは、a＝１万、c＝１万６００なので

$$(c-a)\div a\times 100=6\%$$

単利の期単位ならば相加平均（算術平均）をとって期平均２％となる（この例が、３年間を３期に分けて考えた結果であるならば年平均ということ）。

ところが、モーニングスターのＨＰに記載されて

$$\sqrt[3]{(1+0.02)(1-5/102)(1+9/97)}-1=0.019612832\cdots$$

（約1.96％）

図表1-6　連続期のトータルリターンは幾何平均値

いる数値は少し異なり、次のように算出されている。

ある期から次の期までに増えた価額の、前の期の価額に対する比率が、この期のトータルリターンである。期を年とみて考えれば1年間のトータルリターンである。

例えば、1万円が1万200円になった最初の期のトータルリターンを r_1 とすると

r_1＝200÷1万＝0.02（2％）

となる。

他の期のトータルリターンを、r_2、r_3とすると2期目は1万200円から9700円なので

r_2＝（9700－1万200）÷1万200

＝－5／102（約－4.9％）

3期目は r_3＝9／97（約9.28％）

これらの相乗平均（幾何平均）をとり1を減じる。

計算式は図表1-6のようになる。これが3年間の各年のト

ータルリターンから算出したものであれば、トータルリターン3年（年率）と書いてある値である。これはつまり3年間のトータルリターン年平均値であるが、表示されている値は3年間の幾何平均値である。

モーニングスターが提供している各投信のトータルリターン（1年、3年の年平均、5年の年平均）の値はこうして計算されたものである。

◎生データからトータルリターンを自分で計算してみよう

具体例を挙げよう。ラサール・グローバルREIT毎月分配型を取り上げる。

2014年4月30日を基準日としたトータルリターンは次のように出ている。

1年5・42％

3年（年率）14・85％

5年（年率）18・93%

モーニングスターHPからは、ユーザが自分で確認できるように設定来の基準価額、分配金、リターンデータをダウンロードしてEXCELで活用できる。リターンデータは毎月のトータルリターンが表示される。そこで、毎月のトータルリターンに1を加える。それらを1年分かけて1を引くと年間のトータルリターンが算出される。2013年5月から2014年4月までのデータを図表1-7に示す。

年月	毎月のトータルリターン	1を加えた値
201305	−0.01681	0.983194
201306	−0.0585	0.941497
201307	0.010799	1.010799
201308	−0.06053	0.939465
201309	0.048442	1.048442
201310	0.037821	1.037821
201311	−0.00204	0.997963
201312	0.019217	1.019217
201401	−0.00967	0.99033
201402	0.038244	1.038244
201403	0.013445	1.013445
201404	0.03992	1.03992

ダウンロードデータ（年月・毎月のトータルリターン）

図表1-7 ダウンロードした生データ

1を加えた値を全て乗じてそれから1を引くと　0.054219685
小数点以下第5位で四捨五入すると　0.0542
つまり、1年間のトータルリターンは約5・42％となる。
同様にして、2012年5月から2013年4月までの毎月のトータルリターン（ここでは記載省略）に1を加えた値を全て乗じて1を引くと0.416554
よってこの1年間のトータルリターンは約41・66％
2011年5月から2012年4月までは約1・45％になる。
この3年間の幾何平均をとる。
（1+0.0542）×（1+0.4166）×（1+0.0145）を求め、3乗根、つまり1／3乗を求めると、1.148525…
1を減じて、0.148525…
すなわち、3年（年率）トータルリターンは約14・85％となり、前掲の値と一致する。

１年間のトータルリターンを求めるのに、何故、毎月のトータルリターンに１を加えた値を12か月乗じるのか疑問が生じるかも知れない。要するにこれは複利計算の考え方と同じものである。

例えば、２０１４年１月始めから１月末までは基準価額が０・９９０３３倍になった。次の２月始めから２月末までは価額は１・０３８２４４倍になった。１月始めから２月末までなら何倍になったかを知りたければ数学的には、この二つの数値をかけることになる。これを12か月行って、それから元本の分、１を引いた結果が１年間の上昇分、すなわちその年のトータルリターンになるわけである。

チャートから算出もできる

この計算は、チャートを用いても算出できる。ラサール・グローバルＲＥＩＴ毎月分配型の２０１３年４月30日の基準価額は４４８１円。チャートで分配金再投資後のグラフも表示できるようにしておくと、２０１４年４月30日には再投資した場合の基準価額は４７２４円である。したがって、トータルリターンは

（４７２４－４４８１）÷４４８１×１００＝５・４２２…＝約５・42％

チャートからデータが簡単に取得できれば、こちらの方法の方が簡単であるが、再投資後の価額をチャートから見つけるのは（マウスの微妙な操作が必要であるとか）必ずしも簡単ではない。また、チャートは原則日単位で表示がなされるため小数点以下第３位からは、先ほどの月毎のデータから年間の値を算出したときと異なっている。ただし、あまり下の位に意味はない。

モーニングスターの別のＨＰには、トータルリターン計算用の一般式が載っているが、一般化しているため大変理解し難い式になっている。データを代入すれば確かに結果は出るのだが、式の導出に関わる説明はない。例えばなぜ、幾何平均（相乗平均）を用いるのかの説明などはなく、まあ投資家自ら勉強せよというところか。

また、一般に数式の書き方には一応暗黙のルールがあり、その点でもう少し表示の工夫も欲しい。ＨＴＭＬ言語でも式を貼り付けることは簡単にできるのだから。

◎トータルリターンは役に立つのだろうか

さて、問題は毎月記載されているこのトータルリターンなる値が本当に役に立つのだろうかということである。各投資信託には原則、直近の前月末までの計算結果が載っている。つまり、月が変わればトータルリターンの値も変わる。

トータルリターンの定義が、そもそも収益分配金を全額再投資することを前提にしているので、その場合の想定基準価額が知りたい。そこで重要になるのがグラフ（チャート）である。モーニングスターのＨＰには、基準価額と、分配金再投資した場合の想定基準価額のグラフが載っていて、その時の具体的な数値もＨＰ上に表示される。後者はまさにトータルリターンの定義に沿ったグラフである。

では、これらの状況を1年間模式的に表した、図表1-8に示す次の2通りのグラフを考えてみよう。

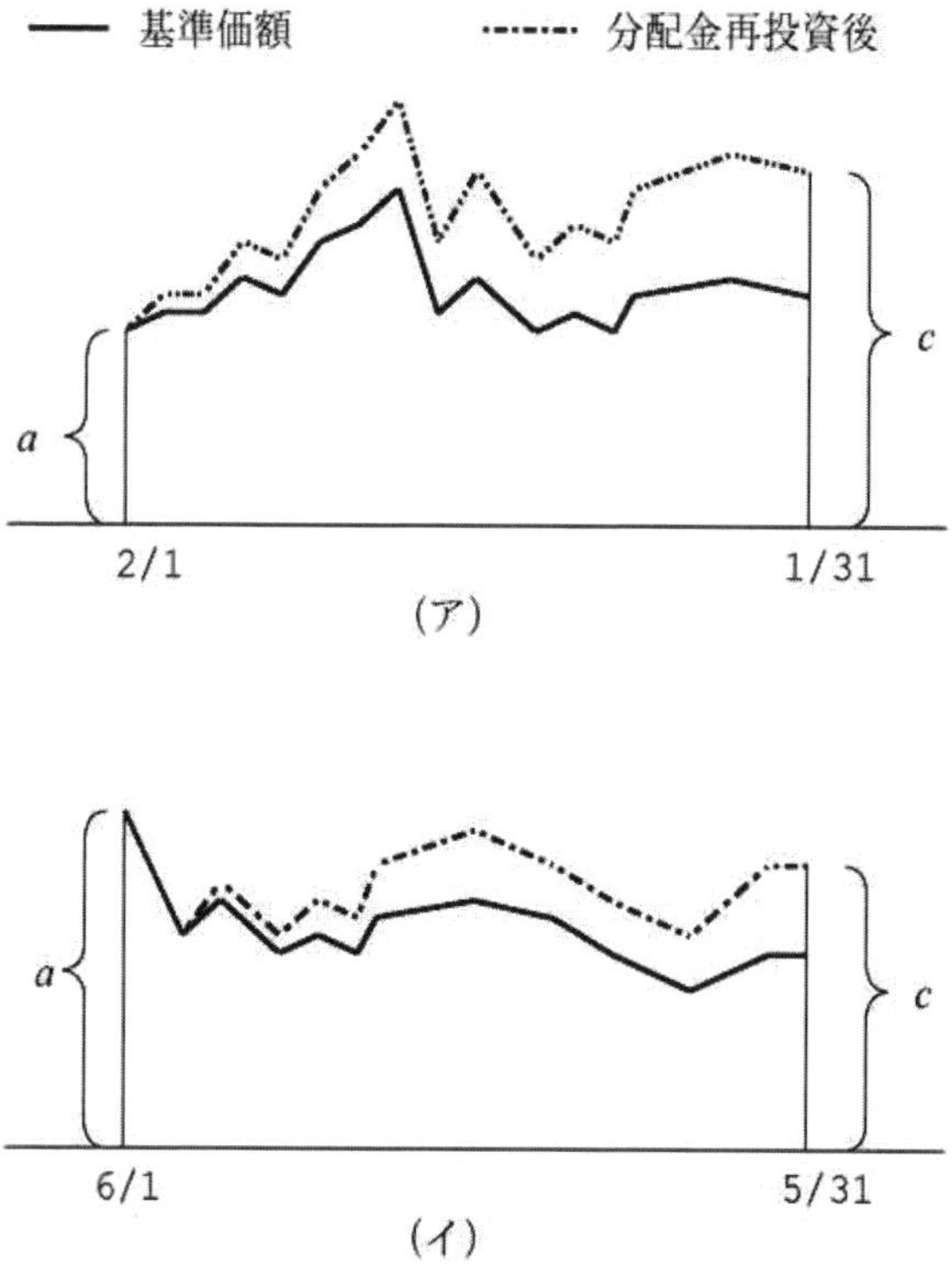

図表1-8 同一投信の異なる時期の増減

（ア）では、明らかに $c-a>0$ であるからトータルリターンはプラスの値になる。一方、（イ）では、$c-a<0$ なのでトータルリターンはマイナスの値になる。ならば、（ア）の投信の方が良さそうである。ところが、これら2つは実は同じ投信である。異なる時期のグラフを表示したに過ぎない。

（ア）は基準価額があまり上がっていないときに購入した場合で、一時ドンと上がったがその後下がり、まあ、大体購入時の基準価額位に収まった。一方、分配金再投資した場合の想定基準価額はしっかり上がっているので利益が出そうである。

（イ）は、基準価額が上がったときに高値掴みをしたため、分配金を再投資しても購入時の価額を1年では超えられなかったことを意味している。要するに、通常の株式投資と同じで、安いときに買って高いときに売るという原則は、投資信託でも変わりないと言える。

トータルリターンの値がどうなるかは多分にそのときの経済状況による。これにはそのときの政治状況も関係してくる。したがって、あくまでも一つの目安と考えるべきだろう。色々な時期のリターンの良し悪しを見たければ、チャートを丹念に見て比較すればよいのである。

教授のひとりごと

投資信託を評価するとき、パフォーマンスが良いとか悪いとか、よく考えると意味不明の言葉が使われている。大体は、トータルリターンが良いかどうかを話しているようだが、何のことはない、時期が変われば同じ投信でもまるで違うリターンになるから、本質的な優秀さの尺度ではないようだ。むしろ、政治経済状態がひどく悪いとき、どうだったか、いじわるチェックでもするか。

◎トータルリターンの式に数学的な補足をちょっと

ここでは、少し数学の対数計算など使うため、わかりにくいと思う方は飛ばしてしまっても全体の理解には関係しないので適当に選択されたい。

先ほど、基準価額1万円で購入した投信が、1期後に1万200円、2期後に9700円、3期後に1万600円になった事例を考え、モーニングスターのHPに載っている公式を用いてトータルリターンの平均値（幾何平均）を算出した。そこで、逆に求める平均値をr（rは0以上1以下）と置いて考えると、与えられた状況は3期にわたる

利率1＋rの複利計算

であると考えられる。それが、最終的に3期分のトータルリターンの利率0・06（6％）を生む状況と一致するわけである。このあとの計算は図表1-9のようになる。

$$(1+r)^3 = 1.06$$

が成り立つ。両辺の常用対数をとると、$\log_{10}(1+r)^3 = \log_{10}1.06$

すなわち、$3\log_{10}(1+r) = \log_{10}1.06$

$$\log_{10}(1+r) = (\log_{10}1.06) / 3 \fallingdotseq 0.0253058652\cdots$$

よって、$1+r \fallingdotseq 10^{0.0253058652\cdots} \fallingdotseq 1.019612832\cdots$

図表1-9　複利計算とトータルリターン

結局、r＝0・0196128332…（約1・96%）が求まり、モーニングスターの公式を用いて算出した値と一致する（ここで、対数の値などの算出にEXCELの関数を用いている）。

この考え方を一般論で展開していけば、モーニングスターの公式が得られることになる。

◎表示されている標準偏差はどう判断するか

トータルリターンと同様、その投信を説明する指標として必ず標準偏差が載っている。標準偏差は分散の平方根であるから、平均値の周辺へのデータのばらつき度合いを表す指標である。

投信の場合、この値の大きい小さいはどう解釈すればよいだろうか。

図表1-10は、標準偏差の特徴が出るように基準価額の変動チャートをEXCELで模式的に描いたものである。横軸の値は0から14まで記載されているので、計15か月を表していると考えよう。縦軸は価額（円）である。各月の価額の詳細は省略する。

全体を眺めて、グラフ2の場合は、最終的に300円くらいの下落、一方、グラフ1は250円くらいの上昇が見られる。最終的な変動幅はグラフ2の方が大きいのだが、標準偏差は次のようになる。

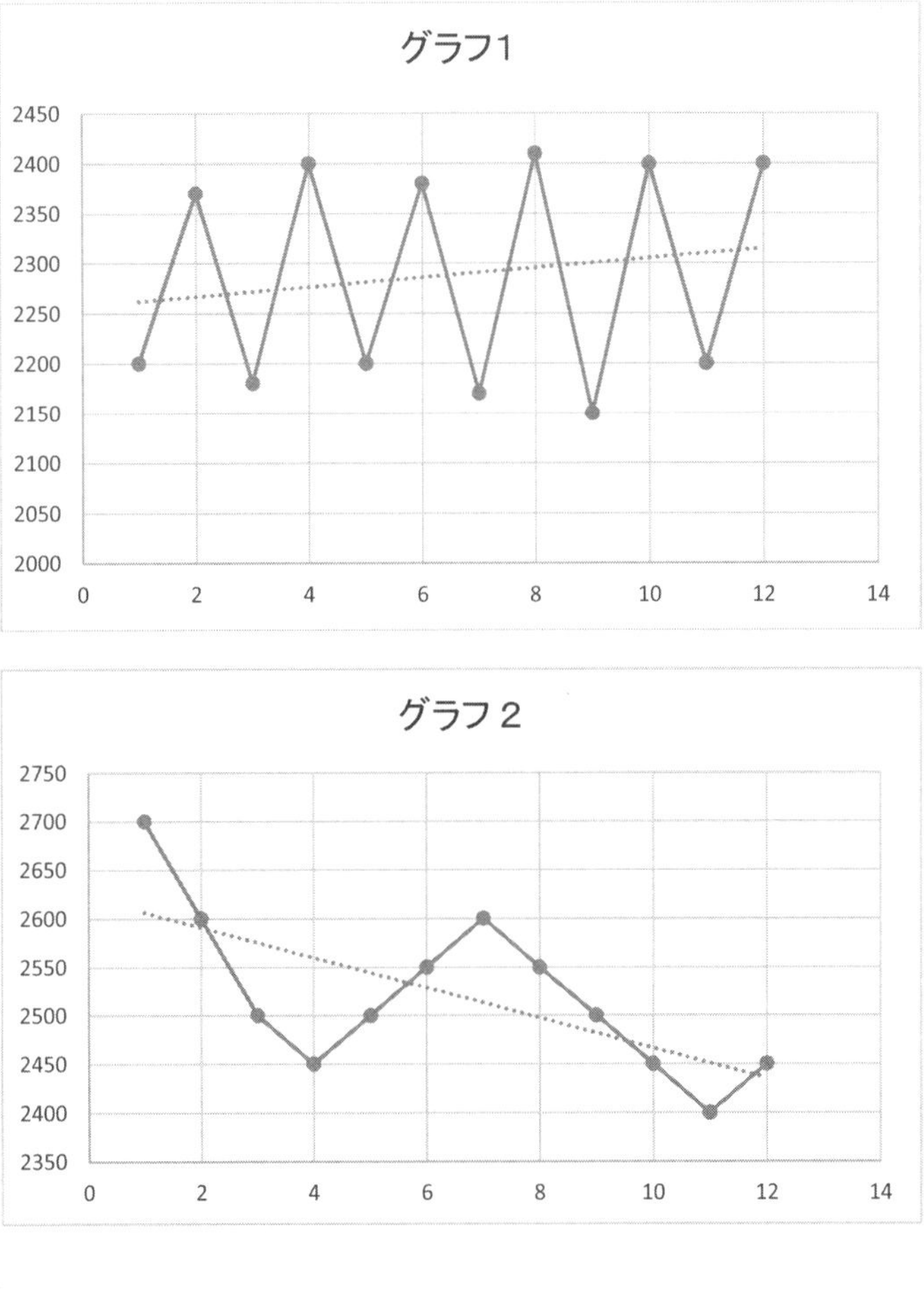

図表1-10　基準価額の変動と投信の成績

グラフ1の標準偏差は約106・3
グラフ2の標準偏差は80・3

この事例は、本来の標準偏差の意味を明確に示している。すなわち、標準偏差は、トータルでどれだけ変動したかを表すのではなく、いわば毎回の変動の激しさを表している。言い換えると、標準偏差が小さいからと言って、長い期間に下がり続けないとは限らないのである。一方、標準偏差が大きいとは、毎回の値動きが大きいことを意味するから、これが好ましいかどうかは投資家の見方によるだろう。

しかし、往々にして、ぱっと数値を示されたとき、標準偏差が小さい投信は変動が小さいから穏当で安心だと考えがちである。実際、具体的な投信を評価しているFPによる解説本で、「標準偏差が小さいからよい投信と言える」と書いているものもある。

だが、少し長い期間のチャートをよく調べて判断すべきだということを、この事例は示している。

◎レーティング＆リスクメジャー

モーニングスターは、それぞれの投資信託にレーティングとリスクメジャーという、リターンについてのある種のレベル値を算出し★印を付けてHP上に掲示している（その算出式も公開している）。つまりある種の格付けである。

分類を行う上での基本的な考え方は次のようである。

全ての対象投信を、株、債券、REIT、これらの組み合わせといったタイプで分ける。さらに、対象が国内株式ならば、大型株か小型株かという時価総額の規模による分け方や、割安性と成長性のどちらをより重視しているかといった投資スタイルによる分け方など、色々な分類基準を組み合わせ、70通り以上の小分類（カテゴリー）に分ける。比較はこれら各類の中で行う。本来まるで尺度の異なるものを無理に比べるとわけの分からない結果が出やすいが、同じ類に属する投信はいわば同族であるので、互いに比較すると優劣がはっきり見えるという考えによるようである。これら各分類の詳細はモーニングスターHPに掲載されている。

レーティングとリスクメジャーはこれら各小分類（カテゴリー）毎に行われる。

レーティングとリスクメジャーの値を算出するには、まず、次のモーニングスターリターンとモーニングスターリスクという値を算出する。

モーニングスターリターン

定義式は次の通り。

モーニングスターリターン＝

超過リターン ÷ ｍａｘ（小分類内超過リターンの平均値、無担保コール）

ここで、超過リターン＝ファンドのトータルリターン－無担保コール

max（　）とは、括弧内の値のうち最大値を出力することを意味する。

無担保コールとは、冒頭の説明で述べたように、金融機関が、1年以下の短期資金の貸借を行ういわゆるコール市場において、無担保で借り翌日に返済を行う約定の金利のこと、要するに短期金利。さらに言えば、リスクがないと見なされる資産のリターン、安全資産利子率のこと。第二部でアクセスする日銀の時系列データ中にある。

前述したように、ユーザは、投信のトータルリターンを、ダウンロードしたデータやチャートから自分で算出して確かめることができる。しかし、このモーニングスターリターンの計算式は内部の者しか知り得ない情報に基づいているから、ここでは深入りしないで次に進もう。

モーニングスターリスク

ここでいうリスクとはリターンの変動、つまり標準偏差のことである。以前のページでも述べたように変動が大きいことは基本的によくないという考え方に基づいている。

具体的には、一つのカテゴリー（類）の中で、各投信のリターンに着目し、その標準偏差を計算する。例えば、3年間のリスクを問題にしているならば、1年毎のリターン値ではデータが少なすぎて、この後の標準偏差計算に使えないから、せめて月毎のリターン値を収集してこの投信のリターンについての標準偏差を計算する。次に、このカテゴリー内の投信全ての標準偏差の平均値（平均標準偏差）を求める。

モーニングスターの定めるリスクは次式で算出される。リスクであるから当然、値が小さい方が良い。この式から、ファンドの標準偏差が小さい、つまりリターンのぶれ（変動）が小さい（まあ、少しラフな言い方をすれば基準価額があまり動かない）投信の方が、リスクが小さいと定義されていることが分かる。

モーニングスターリスク＝ファンドの標準偏差　÷　同一カテゴリーの平均標準偏差

各投信（ファンド）の標準偏差は、ファンド&レーティングのページに、カテゴリー内の平均標準偏差やそのカテゴリー内での標準偏差の順位などと共に表示されている。それから、そのカテゴリーの中でどの辺に位置するのか大体分かる。

レーティング

以上の指標を用いて、モーニングスターレーティングは次のように定められる。

レーティング（モーニングスターレーティング）
＝（モーニングスターリターン）－（モーニングスターリスク）

レーティングは運用期間3年以上のファンドに行われる。3年、5年、10年のレーティングがあり、それぞれ3年、5年、10年間のトータルリターンに基づき、一定の加重平均式を用いて3年総合レーティング、5年総合レーティング、10年総合レーティングを算出・掲示している。

ラフな言い方をするならば、レーティング値は、**似たもの同士のファンドの中で当該ファンドの成績（リターン）が平均的成績に対してどの辺りに位置するかを示している。**

これを分かりやすくするため、一つのカテゴリー内の投信のレーティング値は大きさにより並べられ、その値の大小に応じて次のような％の各グループに分けられる。それらグループには★による5段階評価が付けられる。小学校の成績のように、5つ星が一番よいことになるようである。

★★★★★　……最上位10％
★★★★　……………22・5％
★★★　………………35％
★★　…………………22・5％
★　……………………最下位10％

要するに、レーティングが高い投信は、**同じ類の投信の中では相対的にリターンがよい**

ということになる。

ところで、この5段階評価の％がなぜこのように決められているのかは不明である。わが国の小学校などで用いられてきた成績5段階評価は、本来少人数クラスには当てはまらないにも関わらず、正規分布していると無理やり見なして5から1のどこかに入れてしまう方式である。似ているが正規分布の場合は上から、7％、24％、38％、24％、7％と微妙に異なる。

リスクメジャー

モーニングスターリスクに基づいて、当該の投信の標準偏差が、モーニングスターが対象とする全ファンドの中でどの位置にあるかを示した値とされる。1（リスクは最も低い）から5（リスクは最も高い）の5段階表示をした値で示される。過去3年間、5年間、10年間の各評価期間で算出した値を一定の加重平均式に代入して算出する。評価値1から5に所属するファンド数の分布（％）はレーティングの場合と同じだが、良い悪いの意味が逆になっていると言えよう。

例えば、リスクメジャーが1であれば全ての投信のなかで標準偏差が最も小さいグループに属すことになる。つまり、変化が小さい投信ということで、まあ安全な投信と見る投資家も多いと思われる。

◎このあと意外に健闘？、シャープレシオ

モーニングスターは、リスクを取って運用した結果、安全資産（リスクがゼロと仮定した資産）から得られる収益（リターン）をどの位上回ったのか、比較できるようにした指標として**シャープレシオ**というものを提供している。これは1990年ノーベル経済学賞を受賞した米国の経済学者ウィリアム・シャープによるもので、次のように定義される。

シャープレシオ＝超過リターン ÷ 標準偏差

ここで超過リターンの定義は、レーティングの場合と同じである。シャープレシオは、（正の数であれば）値が大きいほど良いとされる。

確かに、分子の超過リターンが大きければ割り算の値であるレシオは大きくなる。つまりよく稼いでいる投信だというわけである。また、変動は良くないという立場から標準偏差はワルモノと見なされているから、それが小さければ良い投信となる。シャープレシオ定義式でも、分母の標準偏差が小さければレシオ値は大きくなって良い投信ということになる。レシオが小さくなるのは、これらの逆の場合である。

シャープレシオは、計算問題にしやすいためか、いくつかの証券会社のHPに計算問題が見られる（FP養成用か）。参考として類似問題を掲載する。

（例）無担保コールレートが0.1%のとき
投信A：トータルリターンは10・1%、標準偏差（リスク）は10%

投信B：トータルリターンは19・1％、標準偏差は20％は、シャープレシオからはどちらがよい投信と言えるか。

投信A：シャープレシオ＝（10・1－0.1）÷10＝1.0
投信B：シャープレシオ＝（19・1－0.1）÷20＝0・95
トータルリターンのみ見るとBがよく稼いでいるように見えるが、リスクを加味してシャープレシオを算出すると、投信Aの方が値が大きい。シャープレシオで比較すると投信Aの方がよいファンドだということになる。

このシャープレシオは、リスク調整後のリターンを測る尺度として、投資信託の運用実績評価などに利用されているようである。

以上、モーニングスターが提供する幾つかの指標について見てきたが、これらは定義式から明らかなように、時期が違えば値も格付けも違ってくる流動的なものである。

教授のひとりごと

お金に関わることだから正確であるのは結構だけど、それにしても、なかなかややこしい指標を考えつくものだなあ。でも、投資家の皆さん、こういう指標を大事にチェックしているのだろうか。まあ、私がずぼらなだけかも知れないがね。

各投資家に聞くわけにはいかないので、ちょっと別な角度から調べてみよう。

◎レーティング、リスクメジャーなどは投資家に利用されているか

さて、これら重要とされる指標が、投資家にどれだけ活用されているかを調べてみよう。普通に考えれば、「レーティングの値が高く、リスクメジャーの値が小さい投信は、トータルリターンが高く基準価額の変動が小さいからよい投信である」ということになりそうである。当然、販売側はこうした投信を勧めるだろうことは容易に想像できる。なぜなら、理由を聞かれた場合、数値や言葉で説明可能だからである。はたして、投資家はこれらの理由を信じているのだろうか。

そこで、次のような検証を行ってみる。

ある投信に流入する資金が多いということは、その投信がその時期、多くの投資家に支持されていることを示している。

モーニングスターの資料から純資産額が３０００億円を超える大きな投信を抽出する。２０１４年5月現在32件がヒットした。この中には、運用期間が未だ3年になっていないためモーニングスターのレーティングとリスクメジャー数値が与えられていないものも含まれるので、対象はこれら以外の25件になる（図表1-11）。1件を除いて全て毎月分配型であった。

これら25件について、２０１４年年初から4月30日までの純資産額増減値を調べる。この増減の値は、正数ならば資金の流入、負の数ならば流出を表すわけである。言い換えれば、この時期の投資家の支持の度合いを示している指標と見なせる。

投信の総資産額で割って算出した増減率を使うことも考えられるが、流出入する絶対額は支持者の数値、絶対数を反映しているとも言えるので、ここでは増減値（資金流入額）をそのまま用いる。表における資金流入額の単位は億円である。

このデータを用いて、レーティングと資金流入額の相関係数、リスクメジャーと資金流入額、さらにシャープレシオと資金流入額の相関係数をＥＸＣＥＬで求める。ただし、

投資信託名	決算	レーティング	リスクメジャー	シャープレシオ1年 5月20日	年初来資金流入額 (億円)
フィデリティハイイールド	12	3	3	0.86	1448
新光US－REITオープン	12	2	4	0.14	1218
グローバルソブリン	12	2	2	0.09	-1776
ラサールグローバルREIT	12	2	4	0.42	723
ピクテグローバルインカム株式	12	2	3	0.96	-66
フィデリティUSリートBヘッジ無	12	3	4	0.35	295
ドイチェ高配当インフラ関連株(米ドル	12	5	2	1.62	2552
短期豪ドル債オープン	12	4	3	-0.33	-291
ダイワ米国リートファンド	12	3	4	0.45	284
ハイグレードオセアニアボンド	12	3	3	-0.31	-79
ダイワ 高格付カナダドル債	12	3	3	-0.44	433
ダイワ・US-REITBヘッジ無	12	3	4	0.45	436
アジア・オセアニア好配当成長株	12	2	4	0.32	272
ワールド・リート・オープン	12	3	3	0.17	346
ブラジルボンドオープン	12	3	3	-0.32	-1448
財産3分法ファンド	12	4	3	-0.04	-277
高金利先進国債券オープン	12	4	3	-0.07	296
ピクテ 新興国インカム株式	12	3	4	-0.11	7
日興ピムコ Hインカム・S毎(リラ)	12	3	3	-0.55	-36
ダイワ日本国債ファンド	12	3	1	0.33	237
DIAM 高格付インカム・オープン	12	4	3	-0.35	-129
野村 日本ブランド株投資(レアル)	12	2	5	-0.08	-427
フィデリティ・日本成長株・ファンド	1	3	3	0.02	-338
(通貨選択S) 新興国債券レアル	12	3	4	-0.19	-463
GS ハイ・イールド・ボンド・ファンド	12	3	2	0.99	53

図表1－11　純資産3000億円以上のファンド

表中に記したようにシャープレシオは２０１４年５月20日時点のものであるので、その点は間引いて考えていただきたい。算出値は小数点以下第４位で四捨五入した。

レーティング値と資金流入額の相関係数＝約０・３０８

リスクメジャー値と資金流入額の相関係数＝約－０・００２

シャープレシオ値と資金流入額の相関係数＝約０・６０３

これから何が読み取れるだろうか。

投資家が資金を投資するかどうかについて、レーティング値は相関係数が正数なのでアクティブに対応するとき、値を参考にするかも知れないがそれほど決定的なものとは思っていないようである。一方、リスクメジャー値は殆ど0であるから全く関係ないと見ている、というか全く参照していないことになる。

一方、シャープレシオとの相関は明確で、投資家の意思を反映していると言ってよい。しかし、プロの投資家は別として、一般投資家が実際にシャープレシオを見て投資する先を決めているとは信じ難い。供給側がセールストークの一つとしてシャープレシオに言及することはあるとしてもその値を根拠にして強く勧めていると考えるのもやや非現実的と思われる。むしろ、何か別な要素もこのあと見つかりそうである。

この何か別な要素についてはこの後検証したい。とはいえ、この結果から見ると、シャープレシオは色々な指標の中では、結構意味のある指標と言えそうである。

◎投資家は何をチェックしているのか

当期の収益が少ないが分配金も少ない投信の場合、背伸びした分配金は出さないという方針だから安全だとも言えるが、分配金が少ない投信はやっぱり人気がない。人気がなければ流入する投資資金が少なくなって全体が縮んで行きかねない。そこで、多くの投資家を集めるため、収益は多くないのに敢えて高い分配金を設定している投信も多い。しかし、原資を考えると、これはちょっと怖い。

では投資家は他に何をポイントにして選ぶのか、考えられる基準を検討してみよう。

投資家にとって、目論見書は大事だと言われるが、これにデリケートな話を満載するとは考えられない。当該ファンドの運用責任者が具体的にどのような戦略を持ち、いかほど有能なマネージャーなのかは外からは窺い知れない。一般投資家は、いつでもどこでもアクセスできる公開データで判断するしかない。それらのなかで選択基準になり得るものは何かという問題である。

なお、ここで「人気のある投信」とは、人々が購入しつつある投信、または前述した説明で言えば、「資金が（どんどん）流入しつつある投信」である、と考えて以下議論している。

＊ファンドの大きさ

一般に、規模が大きいファンドが安心であるのは言うまでもないが、人気のファンドは短期間で急速に純資産額が増えている。モーニングスターのチャートには、純資産額も縦棒グラフで表示されているから、様々な政治経済状況のときの資産の増減が分かる。

基準価額が上がっているときは通常、純資産も増えるが、株式と同様、周期的な増減の傾向をもつものもあるので少し長い期間の変化を見極めたい。リーマン危機の前後や、2012年秋までの長い下降トレンドと言った特別な事情は必ずチェックの対象である。

６０００本もある投信の中には人気がなくて開店休業状態のものも多く見られ、分配型ならば分配金が少ない、非分配型ならばフリーズしていることがチャートから読み取れる。当然資金量は増えて行かないから、遠からず店じまいが予想される。

＊基準価額のチャートがどうなっているか

チャートは、非分配型と分配型で大きく異なる。前者は、右肩上がりのグラフにならないと、増えなくなっている、フリーズしているということだから長く続きそうならどうするか次の判断が必要になる。

分配型の場合は、大きな分配金を出しながら基準価額も上がり続けるというようなファンドは（リーマンクライシスの前はともかく）流石に今は見かけない。大体行ったり来たりであろう。一見大きなファンドでも、数年のスパンで見ると基準価額が長期低落傾向にあることがあるので要注意である。

特に、世界的に長期金利が下がり、債券から株式へのいわゆるグレートローテーションが起こっている時期は、過去に人気を博した債券型投信で利益があがり難くなっているから基準価額は長期低落に陥ることがあり得る。

なお、チャートから傾向直線を簡単に見つける方法は、後の節でEXCELでやってみよう。

＊翌期繰越分配対象額（あと何か月分の支払余力があるか）が大きいか

いざというときあと何か月分の支払余力があるかは、モーニングスターがネット上に記載している。ただし、この支払は、基準価額までしか支払わないと経理規則で定められている。

例えば、翌期繰越分配対象額が現在8000円の投信で基準価額が5000円ならば、もし突然償還ということになった場合、5000円までしか支払われない。もちろん、この翌期繰越分配対象額は経理上の金額であって、この現金が銀行口座に存在するというわけではない。実際は様々な形でその投信の資産に組み込まれている。

まあしかし、これも見方を変えれば、投資家にとってそこまでの3000円分は経理上積み立ててあると言っても意味がないのだから、どんどん吐き出してもらった方がよいとも思えるのだが。

＊資金の流入、流出はどうか

ここでは資金がどんどん流入している投信は人気のある投信であるとしている。資金の流入・流出の棒グラフがモーニングスターのＨＰに表示されている。

特に分配型大型投資信託を色々みてみると面白いことに気づく。運用報告書を調べて、分配金原資の内訳で運用収益の比率が低いにもかかわらず資金の高い流入が続いているもの、その逆に分配金原資における運用収益の比率が比較的高い、つまり健全運営を行っているように見えるのに資金が流出しているものがあることである。

じっくり見てみると、前者は分配金利回りが高い。しかも、ある月だけ大きな分配金があって他の月は殆どないというような不安定さが少ない。ファンドの規模が大きい。こうした特徴が見られるようである。後者はこの逆ということになるが、中には大きなファンドでも後者に属するものはある。

この違いは何が原因で起こっているのだろうか。そもそも健全運営の方がよい投信と聞かされているはずなのに意外に人気がないのは何故か。

特に興味深いのは、途中まで分配金が0である投信が、戦略が大きく変わったか突然大きな分配金を始めると、程なく急速に資金の流入が増えてくる様子が見られるケースである。得られた収益の範囲内で分配するという経営の基本からすればかなり危ない戦略を採り始めたように見えるが、投資家が何を求めているのかが一目瞭然で、自転車操業でも資金の大きな流入がある限り破綻は少ないという判断なのかも知れない。この分野の戦略も、心理戦なのだなあと痛感する事例である。

非分配型では、資金流入が続いているとき基準価額が上昇しているのは当然としても、上昇が止まったとき資金の流出入がどうなっているかには注意が必要である。政治経済的な理由で勢いが削がれているのか、それとも、例えばドル円相場の膠着など、すぐには変わらない可能性のある政治経済的要因が原因と考えられるのかは注視して行く必要がある。

投資家はよく時代を見ているから、中央銀行によるベースマネーの供給が大量で金利が低い時代には、一時期優勢であった国債・社債等を基本とするファンドよりは株式中心のファンド、特にＲＥＩＴなどが有望だと考える。

分配金は高いが分配金原資における運用収益比率は低い、にもかかわらず資金の流入が多いということは、これら新規流入資金は次の分配金の原資に回っていることになるから、簡単に言えば自転車操業だとも言える。つまり、理屈通りならば、将来大丈夫かなと考える投資家がいても不思議ではない。

それでも、分配金における運用収益比率が高くて健全かも知れないが分配金が少ないファンドより、思い切った高い分配金を払うファンドに資金が集まるのは、結局短期決着も視野に入れた投資家の心理が働いていると言えそうである。本来のセオリー通りには行かない様子が見られるのは興味深い。

＊運用期間は長いか短いか

先日も日経新聞で、大型長寿のファンドが分析対象になっていた。投資家の心理としては当然、長い期間しっかりした運用を行っているファンドを好むであろう。

しかし、チャートを見て、非分配型ならば再投資を組み込んであるはずの価額がちっとも上がらなくなっているとか、分配型ならば基準価額が長い期間下がり続けているようなら、もちろん投資家は逃げ出す。その間、世界情勢にどのような変化があったのかも注意しながら、長期に渡るチャートの変化を確認するのは必須である。

＊日本や世界の経済状況に影響を受け易いか

外部の影響を受けない投資信託はあり得ないが、影響が強く現れるものとそうでないものがあるようである。それは、その投信が組み込んでいる資産に一つの原因がある。株式を組み込んでいれば、組込銘柄の株価や、インデックス型ならば日経平均などの指標との相関が見られるだろう。また、為替の影響も強く出る。債券の場合ならば、特に海外債券相場の影響がある。ＲＥＩＴを組み込んだ投信ならば、東証ＲＥＩＴ指数や海外の（特に米国の）ＲＥＩＴ指数との連動が考えられる。

これらの投資信託が、何を組み込んでいるかはモーニングスターのＨＰでポートフォリオまたはコスト・組入銘柄の項目に載っている。

例えば、海外不動産を対象とするグローバルＲＥＩＴファンドの場合、投信会社はそれぞれの投信で異なるが、組入銘柄はどこも似通っていることがある。こうなると基準価額の動きは殆ど同じになる。これはＪ—ＲＥＩＴも同様である。投資家は、どのファンドを購入すればよいのか、判断の根拠として他の理由を探さねばならない。

基本はこうであっても、それでも興味深いことに投信の個体差とでも言えるような、影響の現れ方の強弱は見られるようである。この理由は、運用グループがどのような戦略・戦術を用いているか、外乱に対して即対応する行動基準を持っているか、そして高い判断能力を持つファンドマネージャーがいるかなどの違いによると思われる。しかし、一般投資家にそこまで詳しく知るすべはなく、繰り返しチャートを見て日々の変化からある程度見抜くしかない。

＊利回りはどうか

ここでいう利回りとは、1年間の予想される分配金総額をそのときの基準価額で割って100倍したものである。したがって基準価額が日々変動すれば、この利回りも毎日変わる。しかも、銀行の預金とは違い利回り分の分配金が保証されているわけではない。年の途中で分配金減額というケースだってあり得る（もちろん、この逆もあり得るが）。

しかし、銀行金利などが低く抑えられている現在、多くの投資家が少しでも利回りのよい対象を求めていることは常に報じられてきた。投信も同様と考えられるが、このあと少し意外な検証結果を示したい。

なお、利回りはトータルリターンとは異なるが、モーニングスターのHPには、利回りとトータルリターンのチャートが同じ場所に表示されている。片方に着目する投資家はもう一方にも関心を持つと思われているからか。

＊チャートで何に注目しているのか

株の世界では、基本となるローソク足の見方とか、山と谷の関係、チャートが特殊な形を形成するときの見方、さらには格言など色々なチャートの見方が知られている。こうした知見が投資信託にも適用できるのか、著者は寡聞にして知らないが、株式のみを組み込む投信であれば少し関係がありそうではある。

しかし、ＲＥＩＴを組み込む投信の場合は、Ｊ－ＲＥＩＴであれば東証ＲＥＩＴ指数にほぼ連動しているし、グローバルＲＥＩＴならば組込銘柄により米国ＲＥＩＴ指数や欧州ＲＥＩＴ指数に連動しているから、それらをインターネットで調べることがまず必要である。債券の場合も同様だが、当然その国の長期金利が今後どう動くかには大変注意をしなくてはならない。

◎投資家は何に着目して投資しているのか、相関係数で再考する

再び3000億円以上の資産を持つ投信を図表1-12に再掲する。今回は2013年流入資金の増減、2014年年初来流入資金、2013年トータルリターン、2014年年初の利回りを掲載する。

前回と同じく、2014年年初からの資金流入額は、2014年に入って投資家が持つ投資の関心を具体的な行動に移したことを表すと考え、これと他の3種のデータとの相関係数を求める。なお、利回りとの相関では、年1回決算のファンドは除外して算出した。算出値は小数点以下第4位で四捨五入する。

投資信託名	決算	13年増減(億円)	14年年初来流入(億円)	13年トータルリターン	14年年初利回り
フィデリティハイイールド	12	6298	1448	27.31	14.96
新光US－REITオープン	12	4568	1218	20.67	20.32
グローバルソブリン	12	-1921	-1776	14.35	4.41
ラサールグローバルREIT	12	2496	723	21.02	18.63
ピクテグローバルインカム株式	12	3420	-66	35.35	11.25
フィデリティUSリートB H無	12	76	295	23.26	17.6
ドイチェ高配当インフラ関連株(米ドル)	12	4245	2552	41.8	21.64
短期豪ドル債オープン	12	-3167	-291	6.78	12.86
ダイワ米国リートファンド	12	-30	284	21.35	20.57
ハイグレードオセアニアボンド	12	-2359	-79	5.79	9.75
ダイワ 高格付カナダドル債	12	4497	433	10.91	12.82
ダイワ・US-REITB H無	12	-351	436	21.24	19.02
アジア・オセアニア好配当成長株	12	1643	272	21.91	19.16
ワールド・リート・オープン	12	783	346	18.97	17.54
ブラジルボンドオープン	12	-190	-1448	4.04	14.12
財産3分法ファンド	12	203	-277	30.21	9.52
高金利先進国債券オープン	12	200	296	10.98	10.91
ピクテ 新興国インカム株式	12	-581	7	17.25	19.64
日興ピムコ Hインカム・S毎(リラ)	12	1935	-36	0.53	35.12
ダイワ日本国債ファンド	12	-107	237	1.38	2.35
DIAM 高格付インカム・オープン	12	-664	-129	8.52	4.93
野村 日本ブランド株投資(レアル)	12	2437	-427	55.09	12.55
フィデリティ・日本成長株・ファンド	1	1029	-338	55.42	なし
通貨選択S) 新興国債券レアル	12	-2083	-463	5.44	26.58
GS ハイ・イールド・ボンド・ファンド	12	1897	53	29.24	11.25

図表1-12　資金流入はどの指標と関係が深いか

２０１３年増減と資金流入額の相関係数＝約０・６４９

２０１３年トータルリターンと資金流入額の相関係数＝約０・３４９

年初設定利回りと資金流入額の相関係数＝約０・３１４

２０１３年資金の増減との相関は、今まで調べたケースの中で最も正の相関が強い。０・６４９は実際かなり強い関係を意味している。毎月積み立てで投信を買っている投資家が大多数かどうかは分からないが、もし大多数であれば２０１３年に良しとした投信に引き続いて積み立て購入をしたという説明はできる。しかし、これはかなり前提に無理があるように思う。２０１４年４月の追加型投信の純流入額はおよそ２６００億円、そのうち積み立て型が多いと思われるＮＩＳＡは１割程度でそれほど多くはない。

見えてくることは、新規に銘柄を探していた投資家が、前年の資金の増減をチェックし、それを購入の大きな理由としたらしいということである。投資家が自らモーニングスターのHPにアクセスして、基準価額のチャートの下に表示されている前年の純資産の増減をチェックしたかも知れない。販売側が、「昨年はこんなファンドに人気が集まっていますよ」というセールストークをしたかも知れない。政治経済情勢に特段大きな変化がなければ、この言葉にはなかなかの影響力がありそうである。同時に、トータルリターンと利回りも確実にチェックして決めているという構図が想像できる。

もちろん、このことは算出された数値から読み解けることに過ぎず、みんなが乗っているファンドが「良い」ファンドであるかは別の問題である。

◎投資信託の顧客の中心は個人？　しかし最近の隠れた大口投資家は？

ここで話題にするのは、NISAのような大きな政治的思惑で生まれた投信の顧客のことではない。ここ1、2年の日本経済の状況や、世界経済の状況をしっかり見て、そろそろと、しかしかなり大胆に大きな投資を行い始めた「人たち」はどんな人たちだろうかという話である。

毎月や毎週の投信買付上位ランキングには、常連となっている巨大ファンドの名前が見られるが、あるとき聞いたことがないファンドが入ってくることがある。だいたい、分配金が極端に多いとか、特別な投資対象を持つとか、はっきりした特徴を持つ。海外資産を投資対象にしているケースも多い。これらのファンドは、はたして個人投資家が発掘してきたものだろうか。

東証は株式に関して毎月統計資料を開示している。不動産信託証券REITについても掲示されていて、例えば2014年4月の売買状況は、口数で、個人は約21・67%、法人34・43%、海外投資家42・95%他となっている。ここで、海外投資家は概ね個人ではなくファンド等であると考えられるから、結局個人投資家は25%もいないことになる。この比率は、通常の株式と同等と言える数字である。

一方で、本書で対象にしている投資信託の場合、顧客中の個人投資家比率は実はどこにも記録がない。前述のＲＥＩＴは各企業が立ち上げたその本来のビジネスに関わる不動産証券化商品のことであって、これらを色々組み込んで投資信託としたもののことではない。こちらの投資信託の場合は、投信販売の窓口レベルでも正確な情報はないようである（さらに、運用担当者段階でも正式な統計は見たことはないという話であった）。株式における比率を考えると、投資信託における個人投資家の比率が50％を超えるとは信じがたい。大体40％以下程度ではないかと推測される。

そこで、前述した状況をどう見るかということである。長く投資に携わってきた個人投資家が新しく特徴のある投信を発掘してきて、買付に動いたためその投信の販売が一気に伸びたという構図は想像できるだろうか。モーニングスターが多くの情報をネット上に提供しているとはいえ、判断にばらつきがある個人投資家達がめぼしい投信を見つけ、短期間に、みんなで一斉に買付に動くとは到底信じられない。

要するに、投資信託の傾向も株と同じく、多分マジョリティを占める法人と海外投資家（海外ファンド）に大きく左右されている、または左右されるかも知れないということである。もっと端的に言えば、突然見たこともない新しい投信が買付上位に来たのは、このマジョリティが発掘してきた可能性が高いということである。

このことが個人投資家にとってよいかどうかは何とも言えない。しかし、政府が肝いりでＮＩＳＡを導入して１５００兆円超の個人資産を投資に誘導しようと試みているが、一見、個人が主たる対象に思える投資信託の世界も、実は顧客の２／３以上を占めるかも知れない組織としての投資家集団の大きな影響下にあることを忘れるべきではないと思われる。

株の世界で、時折見られる批判に、「法人や外国人は何かのときに迅速に対応し、結局個人投資家が取り残される」というものがある。投資信託にも同様な可能性がすでにあるということである。

最後に「良い投資信託」という言葉を考えたい。ここで言う「良い」とはどういうことなのか、そもそも何かの投資基準の数値が一定のしきい値を超える投資信託だということなのだろうか。

すでに見てきたように、全ての指標値はその時期により変動する。同じ投信でも良いとき悪いときがある。高いレーティングを持っていても利益がでないときもある。絶対的な選択基準はどうやらなく、それは極めて総合的・個人的なもののようである。

教授のひとりごと

いまはじわじわ経済が上昇しているときだから大丈夫としても、そろそろ手じまいを考えようと人々が思う頃さて、最後はチキンレースになるのかな？オーこわ！

◎万人にベストな解はない？

この標題のように、万人を満足させるベストな解は実はないと思われる。あればとうの昔に誰もがその投信に投資資金が集中してしかもよい結果、皆さんハッピーとなるはずだが聞いたことはない。各投資家の求めるものが異なるし、投資金額も投資期間も異なる。だからこそ、自分の投資環境や投資目的等をよく理解してくれて、言わばオーダーメイドの自分に合った投資計画を親身になって示してくれる有能なFPがそばにいれば安心であろう。ただ、それでも幾つかの留意したい事柄はある。

現在6000本以上の投信が市場に出回っていると言われる。中には募集停止しているものもある。長く運用されているものもある。しかし、投信を企画していく専門家達は仕事をしなくてはならないから特に外部の経済状況に変化が起こると新しい投信を企画制作する。例えばアジア経済が強い時代が来たと言えば、強くなっていくそこの通貨を組み込んだ投信を企画する。新しいキャッチフレーズで出てきた投信はやはり販売現場では優先して顧客に声かけしていくことになる。

市場に出てきた理由が何なのか、はたして以前より割のよいものなのか、企画担当者が何か仕事をしなくてはならないため捻り出したものではないか等々、ちゃんとチェックすべきであろう。このチェックが必要なのは、個人が参加する投信と言えども世界の為替変動（ドル、円、ユーロ、そして新興国通貨）、政治的な国内外の情勢、等と密接に関係しているからに他ならない。

そうしたことは知らなくていいからとにかく儲かる話だけ知りたいというのはもうできない時代になったと考えるべきであろう。なぜなら、そうした世界の変化がたちどころに影響し、そのせいで簡単に大損しかねない分野だからである。

◎いま頃、基本的な事柄の確認を

いくつかの経済分野のキーワードについて互いの関連をチェックしておこう。次は一般的に知られていることである。昔は大蔵省、現在は財務省が発行する国債に対し、主に市中の金融機関が応札して購入する。昨年から始まった方針に基づいて日銀は、これら金融機関が持つ国債を大量に買い上げる（つまり、日銀から新札が各金融機関に供給されるというイメージ）。これにより、市中の金融機関が持つマネーが増えるわけである。

このマネーが、新しく設備投資等を考えている企業に融資されると、市中に実際、マネーが出回って行くことになる。

大体、この後に示すダイアグラムのような流れが予想されるが、なかなか意図通りに行かないこともある。例えば、市中の金融機関が大量のマネーを供給されても、企業活動が不活発で思ったほど貸し出し要求がないことがある。金融機関は、日銀の当座預金口座にマネーを置いておくことができるが、この場合当座預金口座の残高ばかり増えて、市中にマネーが出回らない。ダイアグラムの最初で止まってしまうわけである。

最近では、日本より遅れてデフレの危機に直面しているEUで、6月ECB（ヨーロッパ中央銀行）はついにこの当座預金口座にマイナス金利を導入した。つまり、金融機関が当座預金口座に置いておくだけで金利を払わされるわけで、何が何でも貸出先を見つけろというドラギ総裁の意思が表れている。

各国の中央銀行の役割は、長らくインフレと闘うことであったが、20年近くデフレが続いた日本を筆頭として、現在はその逆の現象が起こりつつある。

また、企業活動が上向いてきても、長らくデフレ下にあって内部留保を積み上げてきた企業はなかなか積極的な行動に出ない。被雇用者の収入が増えなければダイアグラムはそこで止まってしまうから、2014年春闘を前に、首相が給料を上げてくれと業界に強く望むという、異例の展開があったことは記憶に新しい。

2014年4月の段階で、日銀は市場から、長期国債の7割を吸い上げているとされる。長期国債は、住宅ローンなど長期の借り入れが必要な経済活動に密接な関連がある。市場で、日銀という安心な買い手がいることで、価格は安定し、したがってその金利は低く保たれる。金融緩和のもう一つの柱になるわけである（ただ、これもあまりに強い買い手がいるため市場での取引自体が減って、ために長期金利が跳ね上がって市場に一時緊張が走ったことはあるが）。

マネタリーベースが増えた場合、もう一つ重要な事柄がある。それは、為替とさらに株価との関連である。

大量に日本円が供給されるのだからその価値は海外通貨に対しては下がる。つまり為替は円安になる。また、すでに株価が新しい日銀の政策以来、かなり上がったことは周知のことであろう。これについては、第二部で、ＥＸＣＥＬを用いて、実際の経済データから関連を実際に検証する。

なお、ここでのダイアグラムにはさらに、より細かい項目があり得るが、それはそれぞれの専門家の仕事である。

マネタリーベースを増やす

企業生産活動の活発化

給与・報酬が増える
設備投資へ

デフレ脱却インフレへ

市中の金融機関のマネーが増える

企業・個人への貸し出しが増える

消費が増える（不動産の購入も）

（本来は）需要が増えて物価が上がる

第二部　ＥＸＣＥＬで
簡単な経済事象の確認を

◎EXCELで相関係数を求める手順

次の簡単なデータをEXCELに打ち込んでみよう。

ファンド名	トータルリターン	利回り
あ	27.31	14.96
い	20.67	20.32
う	14.35	4.41
え	21.02	18.63
お	35.35	11.25
か	23.26	17.6
き	41.8	21.64
く	6.78	12.86
け	21.35	20.57
こ	5.79	9.75

図表2-1 トータルリターンと利回りの相関

このデータは前のページで掲示したものの一部だが、ここではファンド名を簡単のために記号化して用いる。

さて、このデータでは、トータルリターンという変量と、利回りという変量が記載されている。この2変量の相関係数を求める。

次の手順で、相関係数を求める関数を引き出して用いる。

(1)「ホーム」と表示されている画面などで、「数式」タブをクリックする。

(2)「*fx* 関数の挿入」をクリックする。

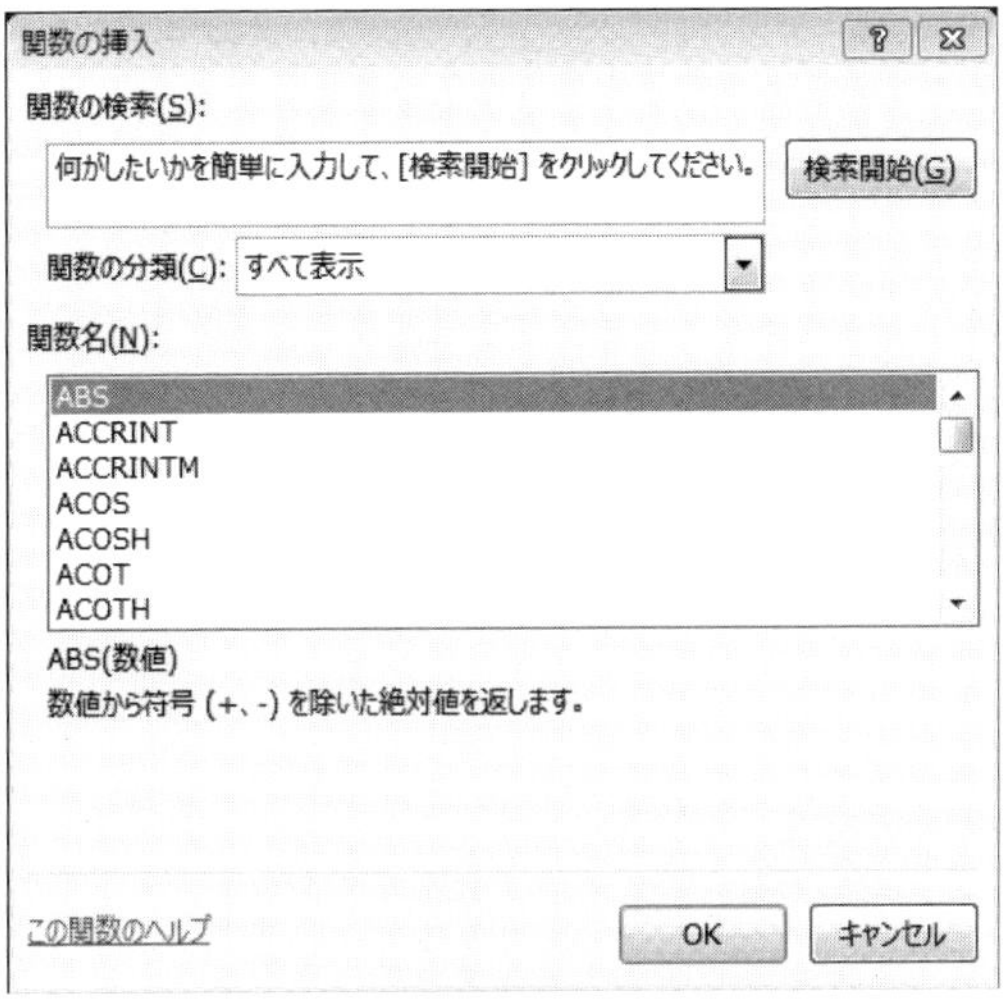

図表2-2 関数の挿入ダイアログ

(3)「関数の挿入」というダイアログが出現する。「何がしたいかを簡単に入力して、[検索開始]をクリックしてください。」と窓に表示されているので、これをDeleteキーで消して「相関係数」と打ち込む。

　併せて、関数の分類の窓にたいてい「最近使った関数」と表示されているのでプルダウンメニュー（下向きの▼）にマウスを置いて「すべて表示」を選ぶ。「検索開始」ボタンをクリックする。

(4) 次のダイアログが現れ、関数の候補が幾つか表示される。

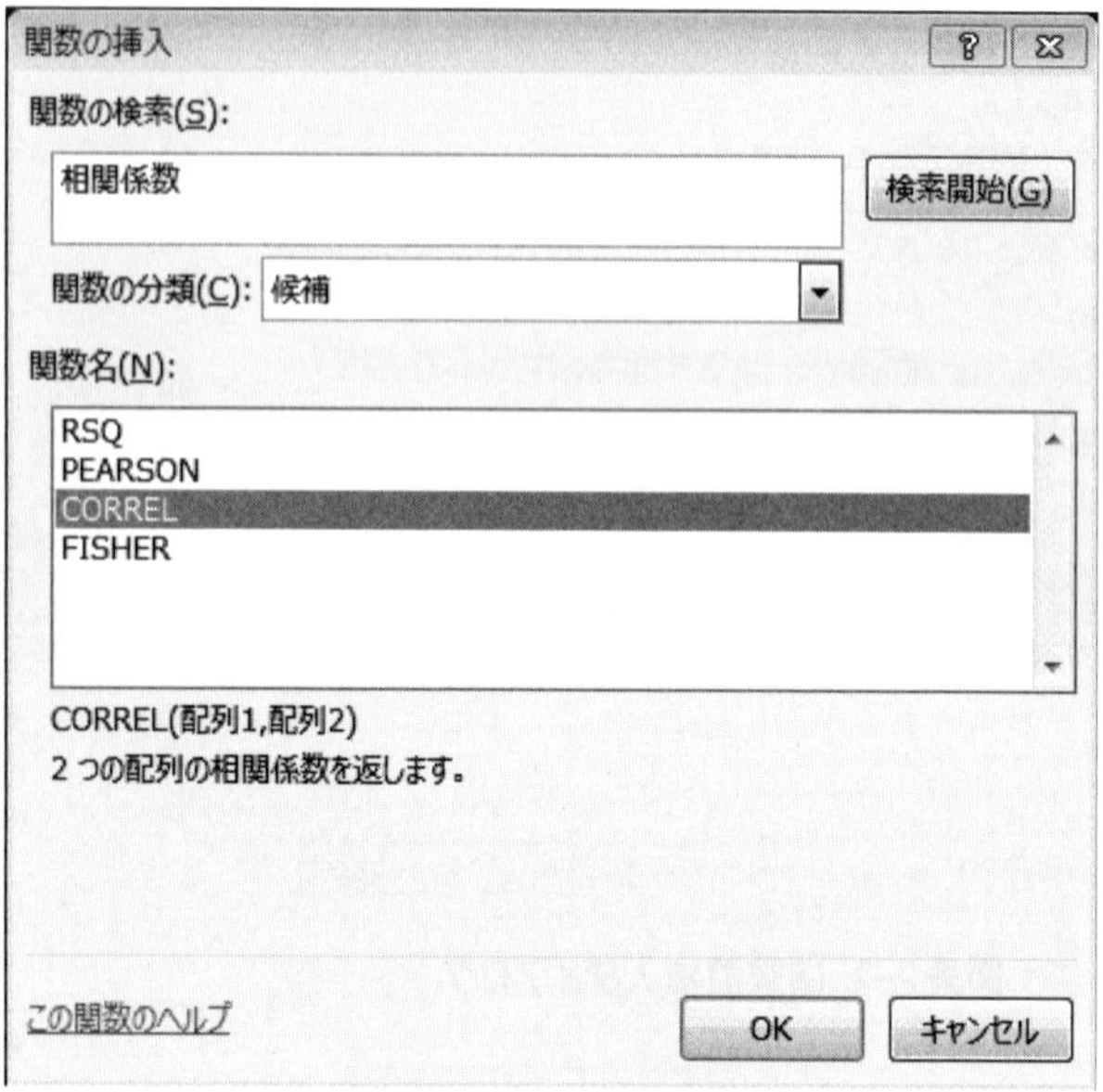

図表2-3 関数の検索

これらの中で、相関関係の英語表現であるCORRELATIONを意味するCORRELにマウスを合わせる。すると、「2つの配列の相関係数を返します」と表示されるので、これをOKする。

ここでの配列とは、セルの列または行のことである。

相関係数の英訳は、CORRELATION COEFFICIENT。

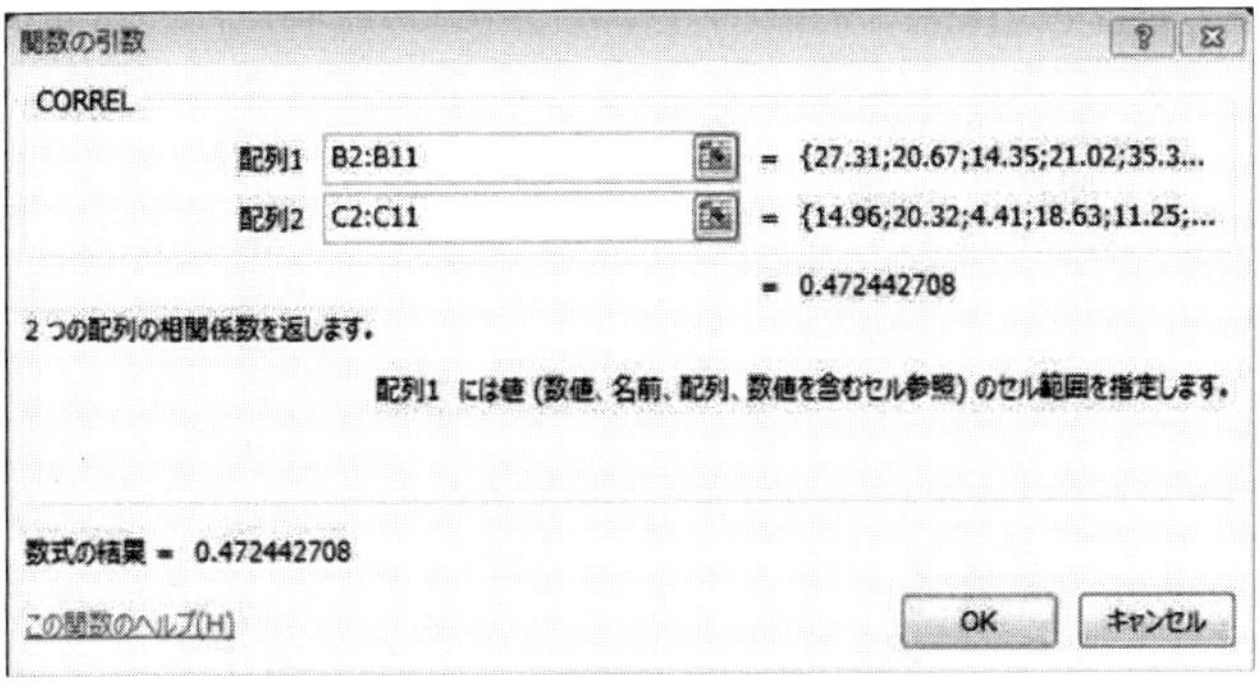

図表2-4　関数の引数設定

(5)「関数の引数」というダイアログが出現する。

まず、マウスをどこか相関係数を記入するセルに置き、配列1は、B列のトータルリターンのデータをマウスでドラッグし、配列2は、C列の利回りのデータをドラッグしてデータを指定する。

すでに、ダイアログ窓の左下に計算結果が表示されているが、このデータ設定で良ければOKをクリックする。

相関係数記入予定のセルに計算結果が記入される。

この例題の場合は、0.4724427

まあ、リターンの良さと利回りの良さはある程度関係があると見なされているというところか。

さて、相関係数はかけ離れたデータが入ると大きく変わってしまう。

図表2-5は、図表2-1にファンド数を追加した場合である。「あ」から「て」まで全てのデータから、トータルリターンと利回りの相関係数を求めると、なんと

−0.057271

になる。これはお互いに関係無しという感じだろうか。どうしてこうなったのか。実は、最後の「て」のデータが大きく影響している。それまでは、0.3〜0.4を維持していたものが、最後のデータがあまりにもそれまでの傾向と相違していたため、係数は大きく0に近づいてしまったのである。

ファンド名	トータルリターン	利回り
あ	27.31	14.96
い	20.67	20.32
う	14.35	4.41
え	21.02	18.63
お	35.35	11.25
か	23.26	17.6
き	41.8	21.64
く	6.78	12.86
け	21.35	20.57
こ	5.79	9.75
さ	10.91	12.82
し	21.24	19.02
す	21.91	19.16
せ	18.97	17.54
そ	4.04	14.12
た	30.21	9.52
ち	10.98	10.91
つ	17.25	19.64
て	0.53	35.12

図表2-5 ファンドの追加

相関係数とは、２つの変量の「直線的（線形）な」関係の強さを示す値である。突然、とんでもないデータが出現すると、係数は大きく変動する。

全体の傾向を「視覚的に」見ないで、係数の値のみに頼ると実は全体の傾向を見誤ることがある。言い換えれば、この「とんでもないデータ」というものが、何か特別な理由で生じた一時的なものかも知れず、もしそうであれば、寧ろこのデータは除いて全体の傾向を見るべき場合もあると言えるわけである。

次は、この線形の関係を視覚的にチェックする方法である。

◎相関係数と散布図

先ほどの、トータルリターンと利回りのデータを再度考えよう。トータルリターンを横軸（x軸）にとり、利回りを縦軸（y軸）にとって、各ファンドのトータルリターンと利回りの値をペアで考えると、このペアは高等学校で扱うxy平面上の座標を表すと見なすことができる。このペアは、xy平面上の点として表示することができる。

この点の集まりが表す図を**散布図**という。散布図上の点の散らばり具合は、2つの変量の増加・減少の仕方が互いにどう関係しているかを視覚的に示している。EXCELのグラフ作成機能を用いて、散布図を描いてみよう。次の手順で行う。

散布図の作成

(1) 「挿入」タブをクリックすると、グラフという項目が現れる。

(2) トータルリターンと利回りのデータをマウスでドラッグする。この表では、2つの変量は隣り合っているから、斜めにドラッグしても構わない。もし、2つの変量が離れた位置の列に記入されていると斜めにドラッグできないので、このときは、コントロールキー（Ctrlと書いてあるキー）を押したまま、次の列をドラッグする。

これで、グラフの対象データが確定する。

(3) マウスを色々なグラフの上に置いてみると、「散布図またはバブルチャートの挿入」という項目が出てくるグラフがあるのでこれをクリックする。

(4) 散布図というサブメニューが色々なグラフの簡単な図と共に表示されるので、左上の点のみのグラフをクリックする。

(5) 散布図が新しいグラフシートに表示される。

トータルリターンと利回りのデータにここまでの手順を行うと、図表2-6のようになる。

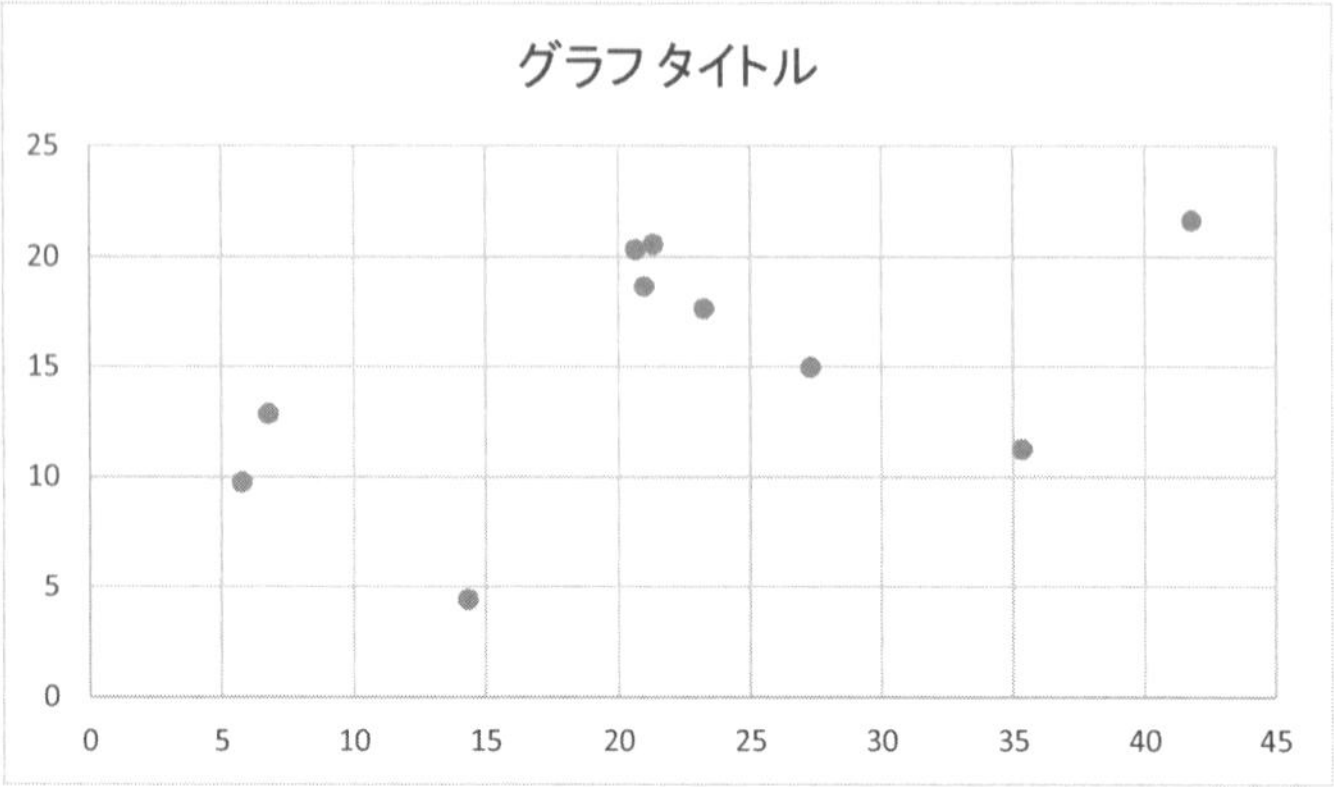

図表2-6　散布図の作成

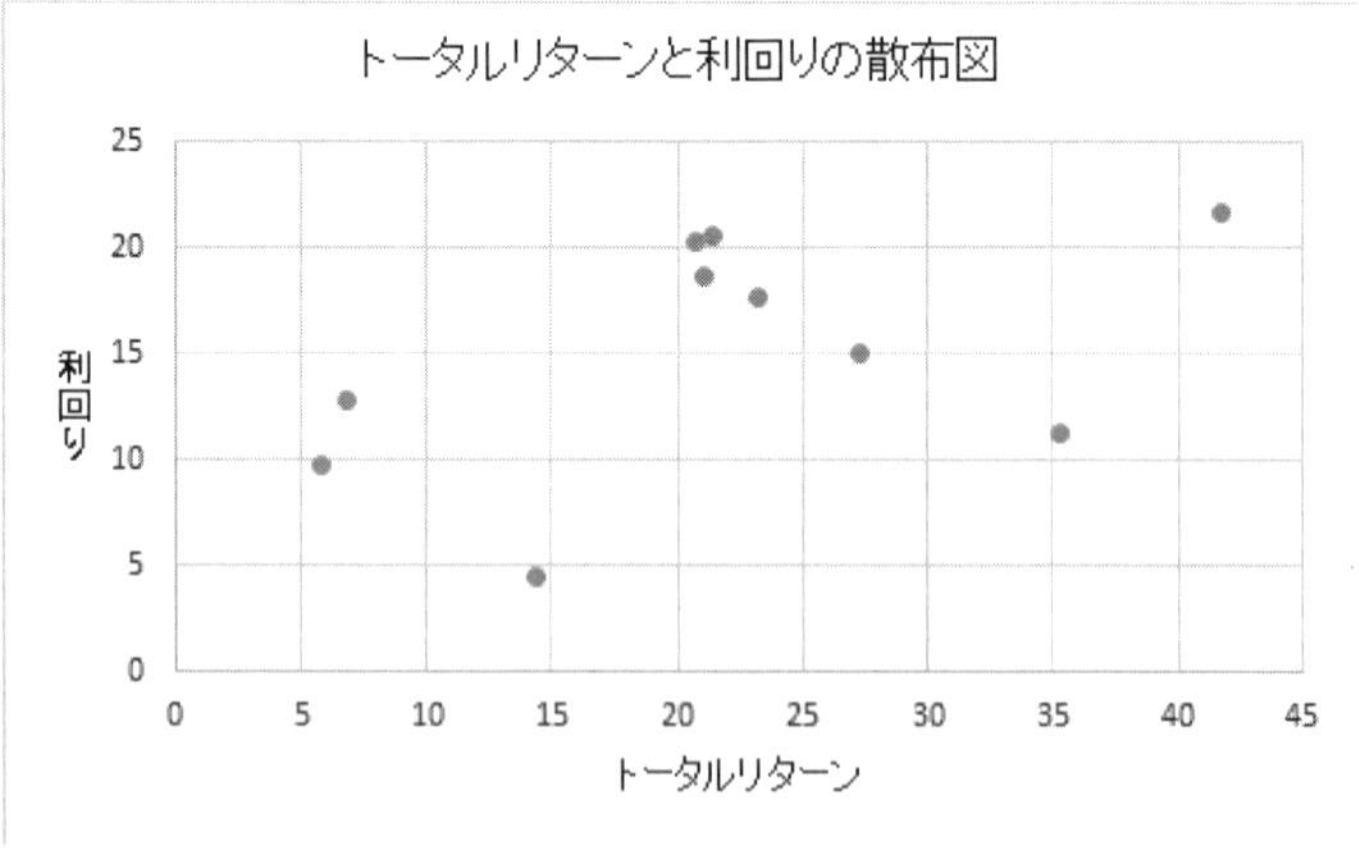

図表2-7　散布図にタイトルとラベルを記入

グラフは一応できているが、まだグラフタイトルや軸タイトルがちゃんとできてないのでさらに次の手順を行う。

(6) グラフの上にマウスを置いてクリックすると、グラフ要素、スタイル、値についてのサブメニューが現れる。グラフ要素（＋が書いてあるメニュー）をクリックすると具体的なサブメニュー一覧が現れるのでグラフタイトルを選ぶ。この図の状態であるとサブメニューの中で、軸、グラフタイトル、目盛の項目にレマークが付いているはずである。

(7) グラフタイトルは直接文字を書き込めるようになっているので、マウスを置き「トータルリターンと利回りの散布図」と書き込もう。そのままでは字が大きければ、ドラッグしてフォントサイズを変更できる。

(8) 前述のサブメニュー一覧で、軸レベルにもレマークでチェックする。さらにサブメニューが現れるので、第1横軸、第1縦軸にレマークでチェックすると縦横の軸のそばに軸ラベルと書かれたラベルが現れる。横軸（x軸）には「トータルリターン」、縦軸（y軸）

には「利回り」とラベルを書き込む。

このままでは、縦軸ラベルが転倒しているので、マウスをラベル内に置き、右クリックするとメニューが現れるので「軸ラベルの書式設定」を選ぶ。軸ラベルの書式設定のメニューが現れるので、「タイトルのオプション」の「サイズとプロパティ」を選ぶ。

配置メニューの「文字列の方向」窓にマウスを置くとサブメニューが現れるので「縦書き」をクリックする。


以上の処理で完成した散布図が図表2-7である。

相関係数との関係

横軸の値が増加する（減少する）とき縦軸の値も増加する（減少する）ならば、散布図上の点は右上がりに表示されていくと予想できる。一方、横軸の値が増加する（減少する）とき縦軸の値は減少する（増加する）ならば、点は右下がりに表示されていく。前者は、相関が正の場合であり後者は負の場合である。さらに、横軸の値が、例えば2倍になると縦軸の値も2倍になるというような正確な比例関係にあれば、表示される点は直線的に配置されるだろうことが推測される。

相関係数とは、この2つの変量の表す点が、直線的に並ぶかどうかを示す指標なのである。完全に直線上に並ぶならば、1または -1 になる。次では、この傾向「直線」を求めてみる。

◎散布図と回帰直線

先ほどの散布図の点はかなり散らばっているが、左下から右上に流れている傾向が見られる。これを示す直線を見出そう。さらに、次の手順を行う。

(9) グラフのどれかの点にマウスの先端を置きクリックすると、全ての点の上に×マークが現れる。マウスを動かさずに、今度は右クリックするとメニューが現れるので「近似

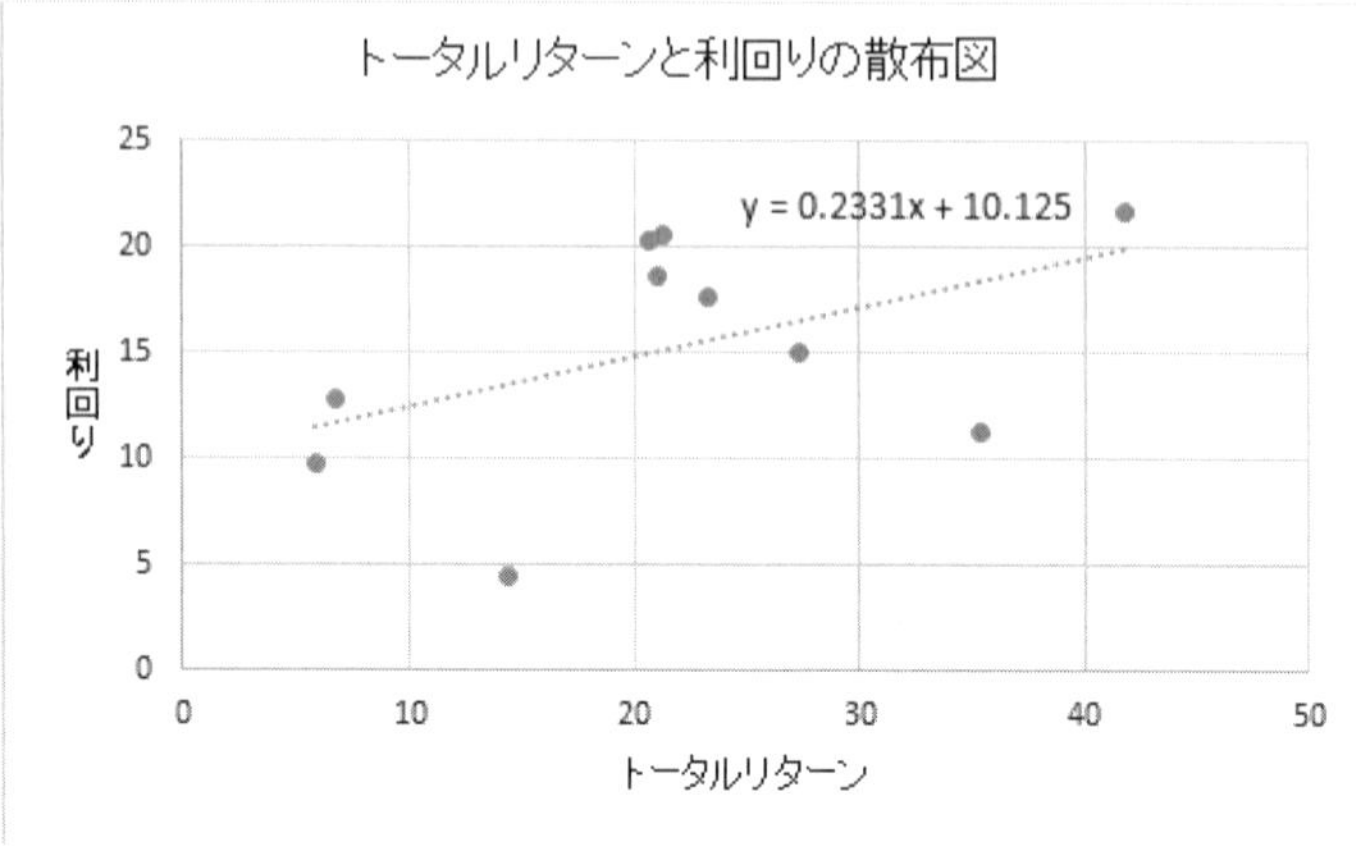

図表2-8　回帰直線の追加

曲線の追加」を選ぶ。

(10)　画面右に「近似曲線の書式設定」というメニューが現れるので、「近似曲線のオプション」を選ぶ。通常は線形近似の項目にチェックがされているので、そうであればそのままとし、下の方の「グラフに数式を追加する」という項目にレマークを付ける。

以上の手順の追加で、図表2-8のように、直線とその方程式がグラフに表示される。

この直線は（単）**回帰直線**と呼ばれ、端的に言えば、各点からの距離（正確に

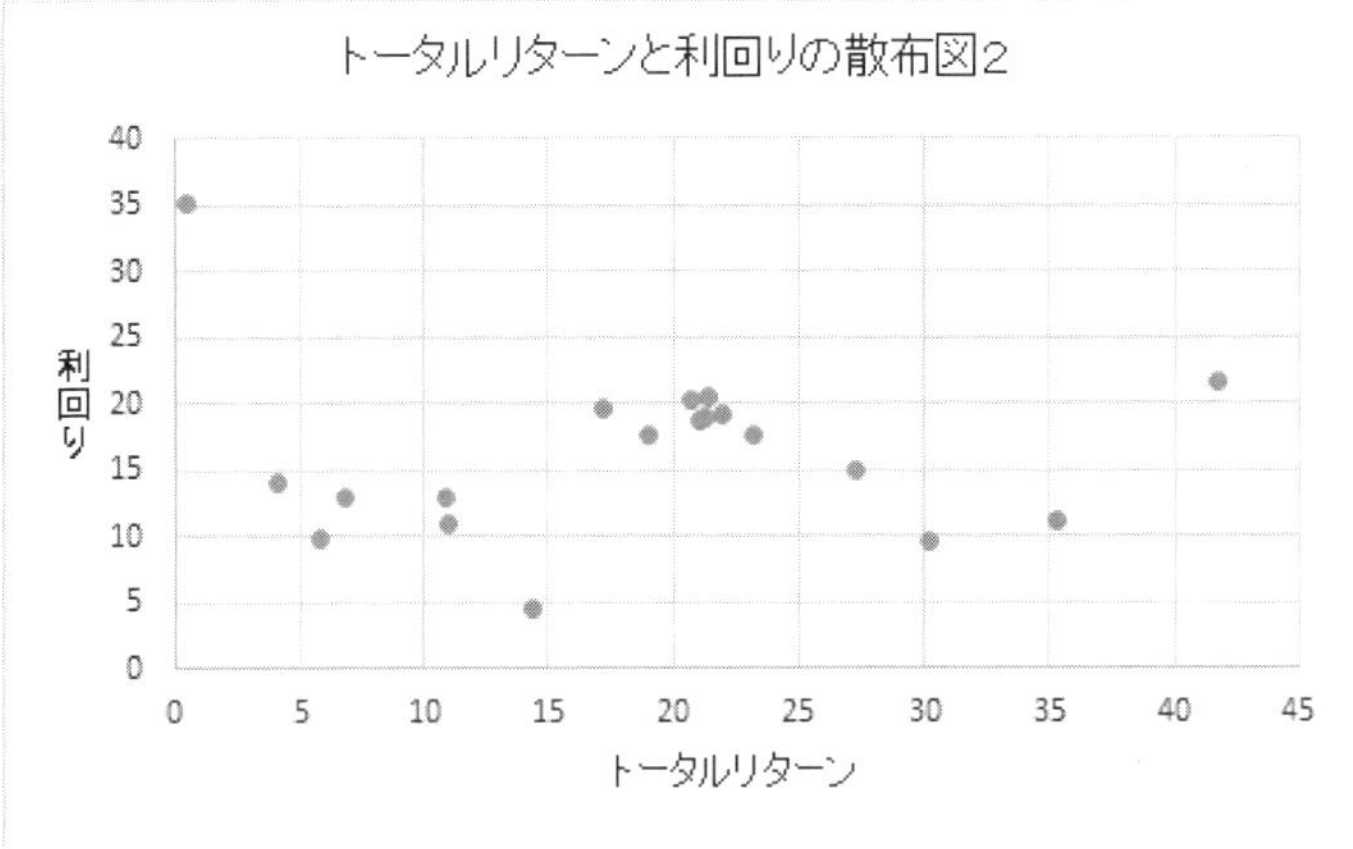

図表2-9　かけ離れた位置のデータと回帰直線

は、y座標の距離）の総和が最小になる、つまり各点の傾向に一番外れていない流れを表す直線である。実際には、y座標の距離を総和すると0になってしまうので、二乗した値の総和を考える。

この総和に偏微分を用いて、最小値をとるときの傾きとy切片を求める方法は、最小二乗法と呼ばれるが、EXCELは瞬時に最小二乗法の解を算出してくれる。

相関係数が1（または マイナス1）の時は、**全ての点が回帰直線に載ってしまう。**

ちなみに、「あ」から「て」までのファンド19社による散布図は、図表2-9のようになる。ほとんどy軸に重なるようなただ一つの場合を除けば、ある程度直線的な傾向も見られるが、全てのデータによる相関係数を算出すると一気に相関関係無しと見なされてしまうわけである。こんな場合は回帰直線を表示すると異常値の原因がどれか見出すことができる。

ただし、それで真の原因が見つかるわけではない。すでに述べたように、トータルリターンは測定する時期が異なれば同一のファンドであってもまるで違う数値になることがあり得る。この事例でも何か特殊な理由がありそうで、その真の理由は政治・経済状況の変動などをしっかり調べなければならない。

教授のひとりごと

「ほんのちょっと」昔、まだEXCELが世に出ていなかった時代、回帰直線を求めるには偏微分ができてもその後の計算は大変、電卓と格闘したもの。もちろんグラフがポンポンと表示できるなんて隔世の感があるなあ。

◎回帰直線を傾向の判断に活用

相関係数との関係の中で述べた回帰直線は、2つの変量の傾向を表すものであったが、回帰直線の考え方は1種類のデータの場合でも活用できる。

図表2-10は、あるファンドの基準価額の推移で、日付の部分は便宜上数字に置き換えているが、実際は半月毎の終値である。このデータに回帰分析の考えを適用してみる。

日付	基準価額
1	10567
2	10346
3	9681
4	10174
5	9927
6	10143
7	10040
8	9855
9	9721
10	9645
11	9627
12	9639
13	9247

図表2-10　基準価額推移

相関係数の場合のような2種類の変量ということではないが、横軸に日付、縦軸に基準価額をとり、散布図とその近似直線を求めてみると、図表2-11のようになる。

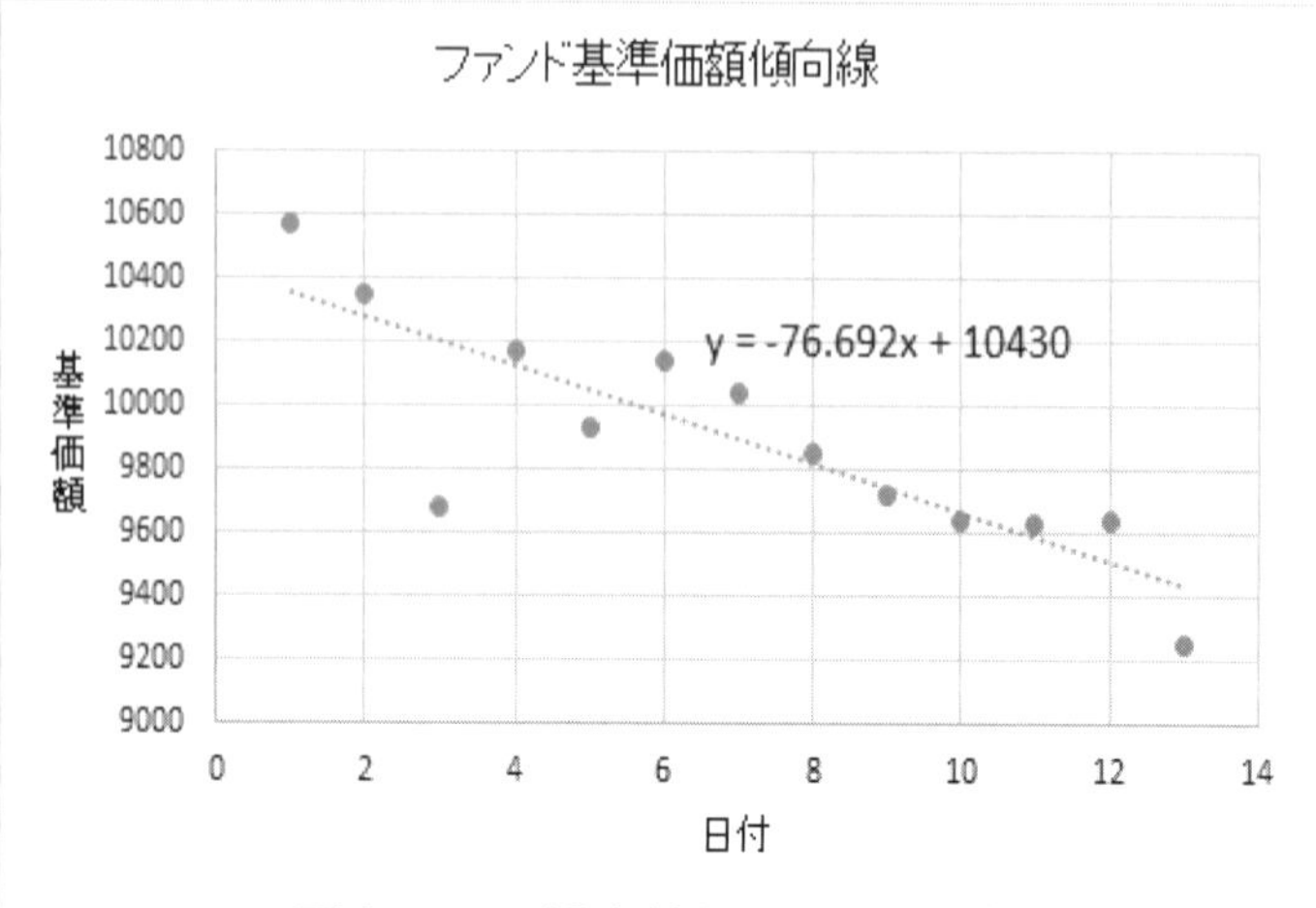

図表2-11　傾向線としての回帰直線

この近似直線は、日付けも変量であると考えれば、回帰直線だと見ることができる。

明らかに、このファンドの基準価額は約7か月の間、低落傾向を示していて、今後が気になるファンドである。

では、この後の基準価額がどうなるか予測をするとしたら、得られている回帰直線の横軸の値xに日付の数値を代入して、yの値を算出することをすぐに思いつく。

実際、次の5か月について実行した結果が次の図表2-12である。

日付	基準価額
1	10567
2	10346
3	9681
4	10174
5	9927
6	10143
7	10040
8	9855
9	9721
10	9645
11	9627
12	9639
13	9247
14	9356.412
15	9279.72
16	9203.028
17	9126.336
18	9049.644
19	8972.952
20	8896.26
21	8819.568
22	8742.876
23	8666.184

図表2-12　予測値の算出

得られている回帰直線が右下がりであるから、当然、基準価額はさらに下がった値として算出されている。

ところが、実際には、このファンドの基準価額は日付14辺りで下げ止まり、そのあと大体安定状態に入っていた。この様子は、直線で傾向を近似する限り予測不可能で、線形近似の限界と言えそうである。

一方、EXCELの近似曲線のオプションとして、線形近似以外にも色々な曲線によ

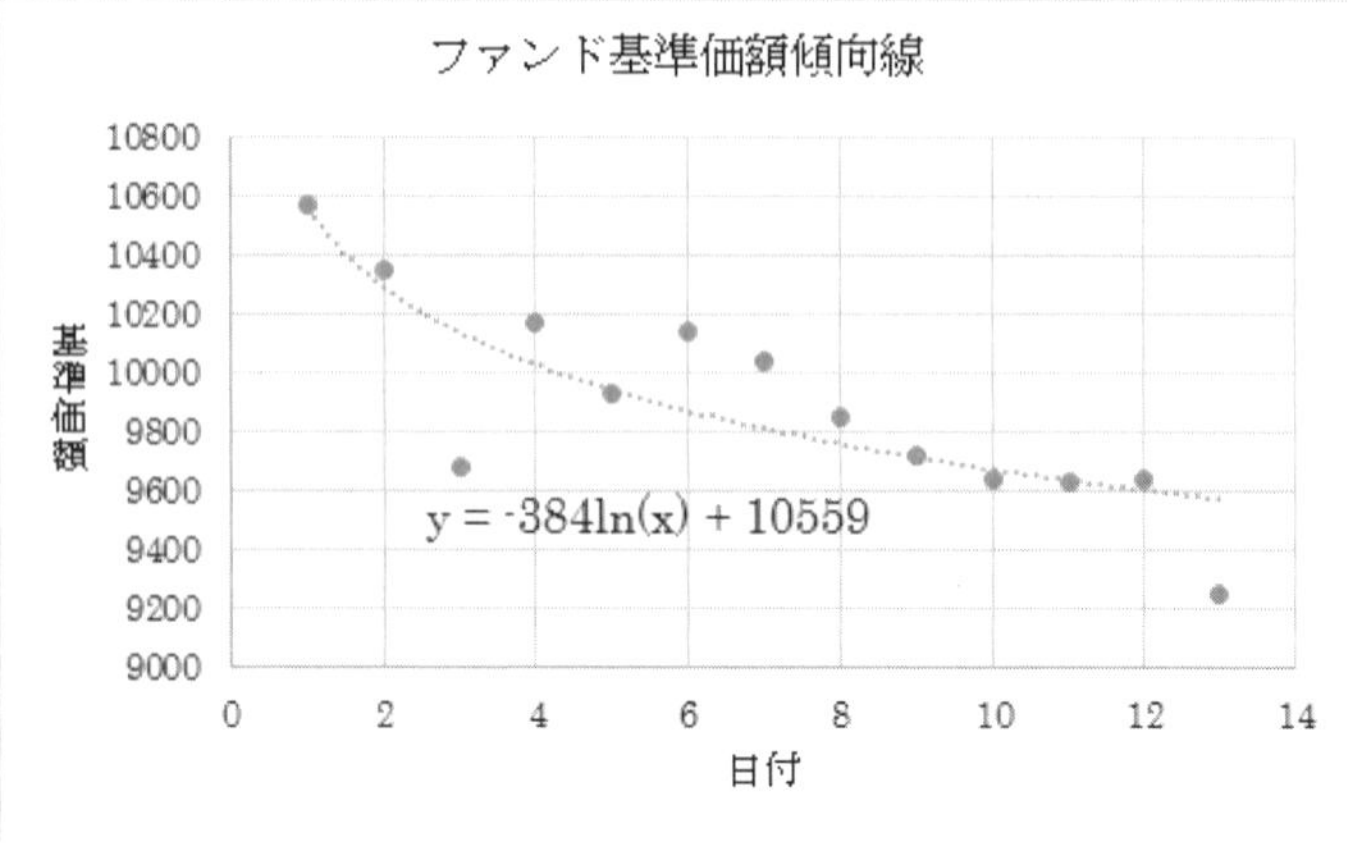

図表2-13　曲線を用いた近似

る近似があると示されている。これらを活用できないであろうか。実際の流れに一番合うと見えるのは対数のグラフである（ただし、単調減少）。図表2-13は、対数を近似曲線として指定した結果のグラフである。

この対数関数は、底が無理数 e の自然対数である。

しかし、残念ながら大きな問題がある。本例は、すでに結果が分かっている事象に適用するグラフを合わせただけであって、予測したわけではない。

このような場合に、何か条件がそろえばこの曲線を使うことで適切に予測ができると決まっているわけではない。最後は経験やその他の情報をよく見て人が判断するしか具体的な方法はないのが実情である。数理的な方法を経済事象に適用する上での限界と言えようか。

教授のひとりごと

なにか決まった条件がそろえば回帰分析で将来予測が必ずできるならすばらしいが残念！

特に経済は、色々な考えの人が活動することで起きることだからなかなか自然現象のようにはいかないな。

そんな予測ができるなら、統計学者は皆な予言者になれそう、もちろんビリオネアにもね。

◎ドル円の供給量とドル円相場の相関を見る

すでに述べたように、現在行われている、わが国経済再生政策の根幹の一つは、中央銀行が市場に大量の円を供給していくことにある。前日銀総裁の時代もそうしていたと釈明されたが、現総裁による異次元の金融緩和宣言から、供給量は飛躍的に増え、その結果、経済の様々な場面で変化が起こってきている。

では、日銀による大量のマネー供給は何と関連したのか、よく知られているように結果として為替の円安が起こった。つまり、マネーの量と為替には相関関係があるらしいということになる。正確には、「円の供給量／米国ドルの供給量」の値と為替における「円／ドル」（通常は、ドル・円と言うようであるが）の値の相関である。

インターネット上には、日銀も米国FRBも過去の時系列データを公開しているから、実は誰でもこうした相関関係があるのかどうか確かめることができる。ここでは、実際に、相関係数を求めてみよう。

[日銀データの取得]

＊ＨＰ検索画面で、「日銀時系列データ」と打ち込むと、「日本銀行時系列統計データ検索サイト」に飛ぶ。

＊次に「主要時系列統計データ表（月次）」を選ぶと、マネタリーベースなど1980年代からの月次のデータが一覧表で掲示される。

＊このままでは活用できないので、「ダウンロード」をクリックするとEXCELが（コンピュータに入っていれば）立ち上がり、編集可能なEXCELデータとして画面に表示される。

＊表には非常にたくさんの項目のデータが載っているので、「マネタリーベース平均残高（億円）」と「為替相場　東京市場　ドル・円　スポット　17時時点（月中平均）」を選び、他の項目データは削除しよう。

また、メニューを検索して、その中の必要な項目を指定すれば、不要なデータが表示されないようにもできる。

注　マネタリーベースとは別に重要な指標であるマネーストックというものが、表には項目として出ている。これは、「世の中全体のお金の量」を意味し、何を含めるかでM１、M２、M３がある。米国との比較ではM２を用いる場合が多いようであるが、これらの正確な定義は日銀のサイトで詳しく述べている。ただし、ここでは用いない。また、為替レートには他に実効為替レートという項目があるが、これも詳しい定義説明は日銀の他のページを参照されたい。ここでは用いない。

得られた表中のデータは単位が億円のため、数値の絶対値が大きくなっている。このあとの米国ドルとの比較及び散布図作成のために、単位を兆円に変えておこう（全てのセルを１０００で割る）。

一つの例として、２００７年３月から２０１２年２月までのデータを取得したものを図表2-14に示す。この期間は、リーマンクライシスが起こり、各国がその対応に追われた時期を含んでいる。表示データの表は、本書に収められるようにするため加工してある。

月／年	マネタリーベース平均	ドル円相場17時時点	月／年	マネタリーベース平均	ドル円相場17時時点
	残高(兆円)	月中平均(円/ドル)		残高(兆円)	月中平均(円/ドル)
Sep-09	92.3942	91.4	Mar-07	88.4022	117.29
Oct-09	92.8609	90.28	Apr-07	90.8926	118.81
Nov-09	92.2042	89.11	May-07	88.7868	120.77
Dec-09	97.2143	89.52	Jun-07	87.6336	122.64
Jan-10	98.0675	91.26	Jul-07	88.4708	121.56
Feb-10	95.6928	90.28	Aug-07	88.1473	116.74
Mar-10	96.4571	90.56	Sep-07	87.5728	115.01
Apr-10	98.3836	93.43	Oct-07	87.7567	115.77
May-10	98.4323	91.79	Nov-07	87.1633	111.24
Jun-10	97.024	90.89	Dec-07	90.7835	112.28
Jul-10	98.9359	87.67	Jan-08	89.9793	107.6
Aug-10	98.3995	85.44	Feb-08	87.9916	107.18
Sep-10	97.7173	84.31	Mar-08	88.3867	100.83
Oct-10	98.8248	81.8	Apr-08	88.3589	102.41
Nov-10	99.1866	82.43	May-08	87.9638	104.11
Dec-10	104.0238	83.38	Jun-08	88.0155	106.86
Jan-11	103.4826	82.63	Jul-08	87.8532	106.76
Feb-11	101.0039	82.52	Aug-08	87.9433	109.24
Mar-11	112.7432	81.82	Sep-08	88.3741	106.71
Apr-11	121.8934	83.34	Oct-08	88.9825	100.2
May-11	114.4208	81.23	Nov-08	88.8562	96.89
Jun-11	113.478	80.49	Dec-08	92.4351	91.21
Jul-11	113.7324	79.44	Jan-09	93.5049	90.35
Aug-11	114.0447	77.09	Feb-09	93.6531	92.53
Sep-11	114.0181	76.78	Mar-09	94.4658	97.83
Oct-11	115.6428	76.72	Apr-09	95.6238	98.92
Nov-11	118.4978	77.5	May-09	94.9165	96.43
Dec-11	118.0195	77.86	Jun-09	93.6392	96.58
Jan-12	118.9656	76.98	Jul-09	93.2096	94.49
Feb-12	112.4409	78.39	Aug-09	93.3355	94.9

図表2-14　日銀時系列データの取得

[FRBデータの取得]

*検索ソフトの画面でFRB manetary baseをキー入力

*出てきたHPの候補のうち、FRB: Data ReleasesというHPを選ぶ。

*Board of Governers of the Federal Reserve Systemのページが現れ、Data Releasesという項目がある。右側の Data Download Program(DDP)という項目をクリックする。

Data Download Programのページに変わるので、Money Stock and Reserve Balancesという項目の中からAggregate Reserves of Depository Institution and the Monetary Base(H.3)という項目を選びクリックする。

*BのSelect a preformatted data packageの中で一番上の、H.3 Statistical Release-Monthlyにチェック。さらに、Format packageという窓をクリックする。

*Format your packageというページが現れるので、Select the number of observations OR a date range for your packageを以下具体的に指定する。

まず、Datesについて、Fromとtoの YearとMonthを指定する。

次に、File TypeはExcel 2003, or newerを指定。

*このページに、窓You have 21 series in your packageがあり、Review packageとあるの

でそれをクリックする。

＊一覧表が出てくるので、Include とある項目で、不要なもののチェックを外して今回は Monetary base; total; not seasonally adjusted のみチェックを残す。

＊窓 Refresh package をクリックする。

＊一つだけの表の項目が出てくるが、窓 Format Package をまたクリックして Format your package のページに戻る。ここでは、指定した年月と File type が入っていることを確認してから、窓 Download file をクリック。

＊ダウンロードが行われ自動的にＥＸＣＥＬが開く（場合によっては拡張子が一致しないというクレームがでるかも知れないが無視して開く）。

＊現れたＥＸＣＥＬ画面のデータはまず、保存しておこう。

以上の手順で、２０１１年１月から２０１３年３月までのデータを取得したものを例として図表２-15に示す。ここで示されているマネタリーベースの単位は百万ドルである。

Download Page	H.3 Statistical Release for Jun 19, 2
Series Description	Monetary base; total; not seasonally adjusted
Unit:	Currency
Multiplier:	1000000
Currency:	USD
Unique Identifier:	H3/H3/RESMO14A_N.M
Time Period	RESMO14A_N.M
2011-01	2047917
2011-02	2211605
2011-03	2395330
2011-04	2496574
2011-05	2567185
2011-06	2648548
2011-07	2684801
2011-08	2657678
2011-09	2637680
2011-10	2637757
2011-11	2605420
2011-12	2619586
2012-01	2640764
2012-02	2694422
2012-03	2655219
2012-04	2639850
2012-05	2616477
2012-06	2618755
2012-07	2647752
2012-08	2650750
2012-09	2594909
2012-10	2611775
2012-11	2646809
2012-12	2675945
2013-01	2741743
2013-02	2845251
2013-03	2935036

図表2-15　FRBデータの取得

数値は過去に遡って修正されることがあり、取得時期によって若干異なることがあるが、違いはここでの論議には影響しないと考えてよい。また、季節調整は行われていないデータである。なお、取得手順はここに述べたもの以外にも存在し得る。

データの加工

日米両国の中央銀行のサイトから得たデータを加工する。

「日本円のマネタリーベース÷米国ドルのマネタリーベース」を算出して表に示そう。ここでは、このあとドル円為替相場との比較を考えているので、どちらのマネタリーベースも単位を「兆」に変換したデータを基に新たな表を作成する。

この表には、併せて日銀時系列データに記載されていた「対ドル円相場」を取得して記入しよう。

例として、２００７年３月から２０１２年２月の場合を図表２-16に示す。

月／年	円マネタリーベース／ドルマネタリーベース	ドル円相場17時時点月中平均(円/ドル)	月／年	円マネタリーベース／ドルマネタリーベース	ドル円相場17時時点月中平均(円/ドル)
Sep-09	51.31594221	91.4	Mar-07	108.7616125	117.29
Oct-09	47.96288826	90.28	Apr-07	111.4010962	118.81
Nov-09	45.67390712	89.11	May-07	108.4994061	120.77
Dec-09	48.15461699	89.52	Jun-07	106.8819749	122.64
Jan-10	49.29290746	91.26	Jul-07	107.6905474	121.56
Feb-10	45.34640722	90.28	Aug-07	106.8115503	116.74
Mar-10	46.49473797	90.56	Sep-07	106.3502049	115.01
Apr-10	48.97718199	93.43	Oct-07	106.2252311	115.77
May-10	49.0767475	91.79	Nov-07	105.4334389	111.24
Jun-10	48.54743963	90.89	Dec-07	110.0735614	112.28
Jul-10	49.68155585	87.67	Jan-08	109.5857194	107.6
Aug-10	49.33500191	85.44	Feb-08	107.1363257	107.18
Sep-10	49.79058029	84.31	Mar-08	107.2188297	100.83
Oct-10	50.34855587	81.8	Apr-08	107.3272794	102.41
Nov-10	50.39055415	82.43	May-08	106.3356173	104.11
Dec-10	51.74695559	83.38	Jun-08	105.6476742	106.86
Jan-11	50.62328476	82.63	Jul-08	104.5853998	106.76
Feb-11	45.75023871	82.52	Aug-08	104.2460228	109.24
Mar-11	47.17501879	81.82	Sep-08	97.63292299	106.71
Apr-11	48.96697784	83.34	Oct-08	78.72502311	100.2
May-11	44.70748296	81.23	Nov-08	61.91892775	96.89
Jun-11	42.90900016	80.49	Dec-08	55.85631042	91.21
Jul-11	42.42729913	79.44	Jan-09	54.87148129	90.35
Aug-11	42.91625053	77.09	Feb-09	60.20175437	92.53
Sep-11	43.21190064	76.78	Mar-09	57.59607546	97.83
Oct-11	43.81841488	76.72	Apr-09	54.76534652	98.92
Nov-11	45.59447254	77.5	May-09	53.6797308	96.43
Dec-11	45.20370287	77.86	Jun-09	55.74754078	96.58
Jan-12	45.11053761	76.98	Jul-09	55.88946538	94.49
Feb-12	41.77230708	78.39	Aug-09	54.76959748	94.9

図表2-16 ドル円マネタリーベース比とドル円相場

次にこの表のデータに基づいて、「円／ドルと円マネタリーベース／ドルマネタリーベース」の相関係数と散布図（図表2-17）を求める。

円／ドルと円マネタリーベース／ドルマネタリーベースの相関係数＝0.909515

この相関係数は、相関が非常に強いことを示している。この時期、（USドル対する）円高が長らく続き（特に輸出に関わる）産業界からは是正を求める声があがった。一方、円高の原因は様々で解消は簡単ではなく、中央銀行だけで解決できることではないと、同時の日銀から繰り返し説明がなされた。

ところが、この相関係数は、二国間の為替相場はそれぞれの国のマネタリーベースと非常に強く関連していることを明確に示している。つまり、このデータで見る限り、中央銀行がどれだけ市場にマネーを供給するか、その戦略により為替はコントロールできるということになる。この認識が現在の日銀の基本スタンスにあると考えてよいであろう。

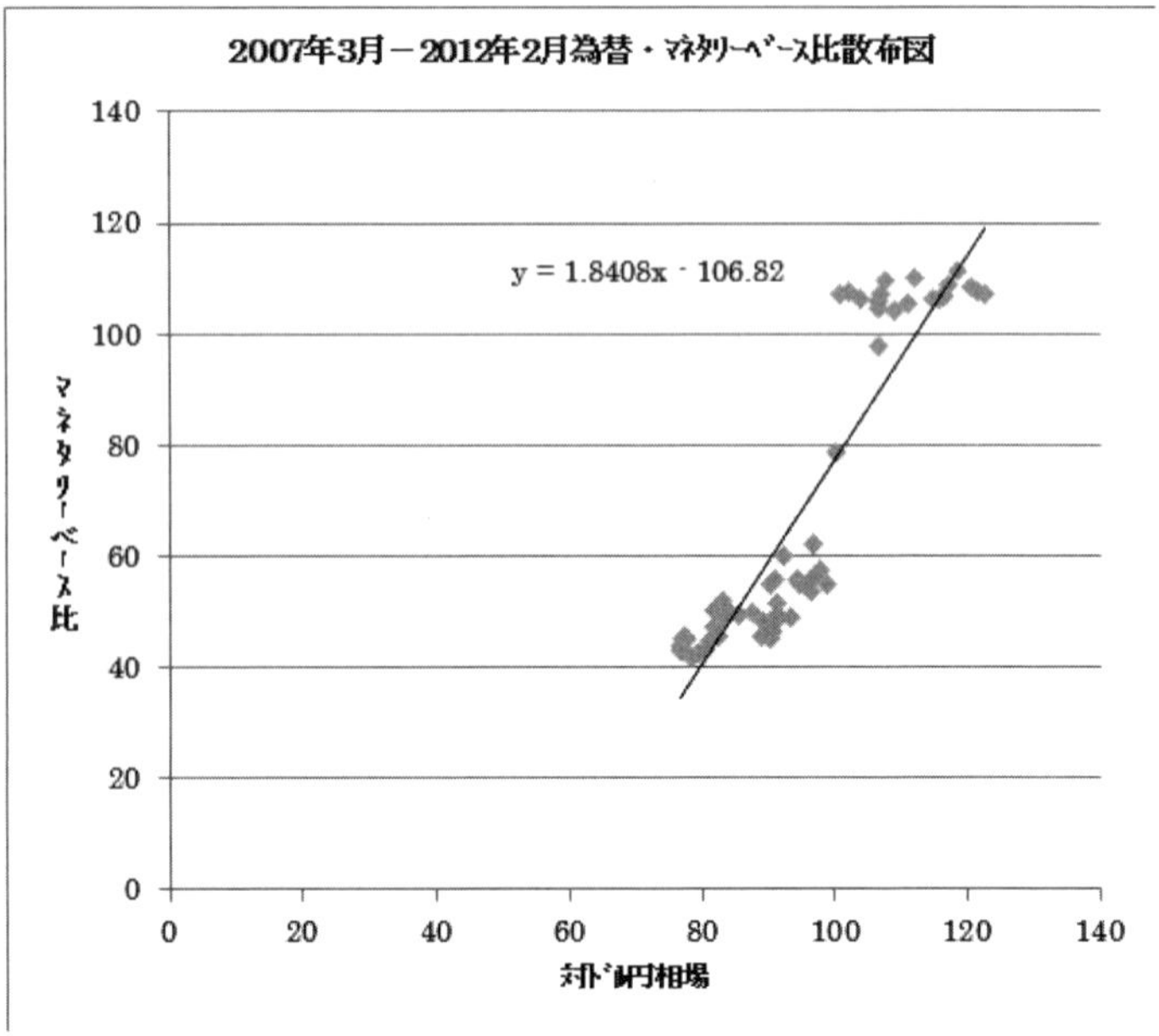

図表2-17　為替とマネタリーベース比の散布図

今回のデータは、リーマンクライシスとその前後を含んでおり、特に後の方は中央銀行が大きく金融緩和に舵を切った時期であるから、特に相関が強くなっているという見方もあり得る。

また対象期間が短かすぎるという批判もありそうである。

実際、どこか過去1年だけで相関係数を求めると、とんでもなく低い相関を示す数値が出ることはあるから様々な時期に対して計算してみる必要はある。

ちなみに、２００３年４月から２０１２年２月までのデータによる相関係数は

０.８３１８０６

である。これでも十分に強い相関関係である。

なお、２００３年３月以前は、米国のマネタリーベース値の統計処理が今とは異なるのでここで用いたようなデータは掲示されていない。

○ドル円相場と株価

為替市場における円相場、特に対ドル円相場がわが国の株価と強い関係があるという話は、過去何年も語られてきた。すなわち、円高のため輸出産業がダメージを受けて、その株価がさえない、言い換えると円安になれば輸出関連産業が元気になって問題が解消、株価が上がるのではないかという期待が基になっている。

それでは、この予想が成り立つのかどうかを実際のデータに基づいて、調べてみよう。

株価の指標はここでは日経平均を用いる。幾つかの企業が時系列データを配布しているが、無料でないところもある。Ｙａｈｏｏファイナンスで検索窓に「日経平均株価」と打ち込むと日経平均株価が一つの企業の株価のように出てくる。

その項目のなかの「時系列」をクリックすると時系列データが表形式で表示され、必要な期間とデイリーなのか週間なのかなどを指定するようになっている。本書では、毎月の為替データと比較するので「月間」を指定する。これは月末最終日のデータを意味する。表示されるデータは、日銀時系列データのように簡単にEXCELのデータとしてダウンロードできないので、少し時間をかけて取り込もう。（コピペ可能）

日経平均株価は、「始値」、「高値」、「安値」、「終値」が表示されているが「終値」を用いることにする。月末の終値ということになる。

ドル円為替相場は、日銀時系列サイトで既に取得したが、前回は月間平均値を取得して用いた。日経平均株価は月末終値を用いることにしたので、ドル円為替相場のデータも月末17時を用いることにする。

マネタリーベースとドル円為替の場合と同じく、例として２００７年３月から２０１２

月／年	円／ドル17時月末	日経平均／100	月／年	円／ドル17時月末	日経平均／100
Sep-09	89.76	101.3323	Mar-07	118.05	172.8765
Oct-09	91.11	100.347	Apr-07	119.41	174.0041
Nov-09	86.15	93.4555	May-07	121.63	178.7575
Dec-09	92.13	105.464	Jun-07	123.48	181.3836
Jan-10	90.19	101.9804	Jul-07	118.99	172.4889
Feb-10	89.34	101.2603	Aug-07	116.24	165.6909
Mar-10	93.27	110.8994	Sep-07	115.27	167.8569
Apr-10	94.18	110.574	Oct-07	114.78	167.3763
May-10	91.49	97.687	Nov-07	110.29	156.8067
Jun-10	88.66	93.826	Dec-07	113.12	153.077
Jul-10	86.37	95.373	Jan-08	106.63	135.9247
Aug-10	84.24	88.2406	Feb-08	104.34	136.0302
Sep-10	83.32	93.69	Mar-08	99.37	125.2554
Oct-10	80.68	92.0245	Apr-08	104.05	138.4999
Nov-10	84.03	99.37	May-08	105.46	143.3854
Dec-10	81.51	102.2892	Jun-08	105.33	134.8138
Jan-11	82.04	102.3792	Jul-08	108.13	133.7681
Feb-11	81.68	106.24	Aug-08	108.8	130.7287
Mar-11	82.84	97.551	Sep-08	104.76	112.5986
Apr-11	81.6	98.49	Oct-08	97.01	85.7698
May-11	81.6	96.937	Nov-08	95.31	85.1227
Jun-11	80.42	98.1609	Dec-08	90.28	88.5956
Jul-11	77.59	98.3303	Jan-09	89.51	79.9405
Aug-11	76.58	89.552	Feb-09	97.87	75.6842
Sep-11	76.7	87.0029	Mar-09	98.31	81.0953
Oct-11	78.81	89.8839	Apr-09	97.67	88.2826
Nov-11	78.01	84.346	May-09	96.45	95.225
Dec-11	77.57	84.5535	Jun-09	95.56	99.5844
Jan-12	76.3	88.0251	Jul-09	95.61	103.5683
Feb-12	80.49	97.2324	Aug-09	92.78	104.9253

図表2-18　ドル円為替と日経平均

年2月のデータを図表2-18に示す。日経平均の数値は、100で割って小数点以下第3位で四捨五入した。

では、相関係数はどうなっているか幾つかの期間をチェックしてみよう。

2007年3月から2012年2月の相関係数＝0.871583

かなり強い相関であると言えるが、この時期をさらに分けると興味深い点が見られる。

2007年3月から2010年2月の相関係数＝0.921465

2010年3月から2012年2月の相関係数＝0.652772

後半の約2年の相関が低くなったのはなぜか、いくつかさらに分割して調べてみると、

2010年後半から2011年前半に相関を下げる要因と考えられるデータがあることが分かる。詳しく、表をチェックすると、2010年12月から2011年2月まで、為替が80円台の円高であるにも関わらず、日経平均が1万円台に跳ね上がり、2月まで1万円台をキープしている（その後、3月11日の東日本大震災の影響を受けて再び下落したと読める）。

この3か月に株価に影響を与えるような何があったか調べてみると、12月15日に日銀が上場投資信託ETFとREITの買い入れを開始という記録がある。これらは十分に株価に影響を与え得る大きな経済政策である。

このように、短い期間で見ると、何らかの政策の変更・追加があると、一時的に相関が崩れることがあるようであるが、少なくともここで扱ったデータは、「ドル円為替相場と日経平均株価は強い相関関係にある。具体的には、円安ならば株価は上昇し、円高ならば下落する」という仮説を肯定している。

では、もっと長い期間で考えてもこの仮説は肯定されるのだろうか。マネタリーベースと為替の相関でも調べた２００３年４月から２０１２年２月を調べてみる。
２００３年４月から２０１２年２月の相関係数＝０・７０９７４
この値も弱い相関ではないが、試みに散布図（図表２-19）を書いてみると細かい問題がさらに見えてくる。
丸で囲んだ４つの点は、ドル円相場が１２０円前後で同時に日経平均が１万円に届かなかったときで、実はこの間、この条件に合う時は２００３年４月から７月までである。つまり、このドットはこれらの月を意味している（この前数か月も実は同様だがこの散布図にはない）。そこで、これらを除いて再度相関係数を求めると次のようになる。
２００３年８月から２０１２年２月の相関係数＝０・８０５４４
いったいこの時期には何があったのか調べてみると、２００３年３月には大和銀行とあさ

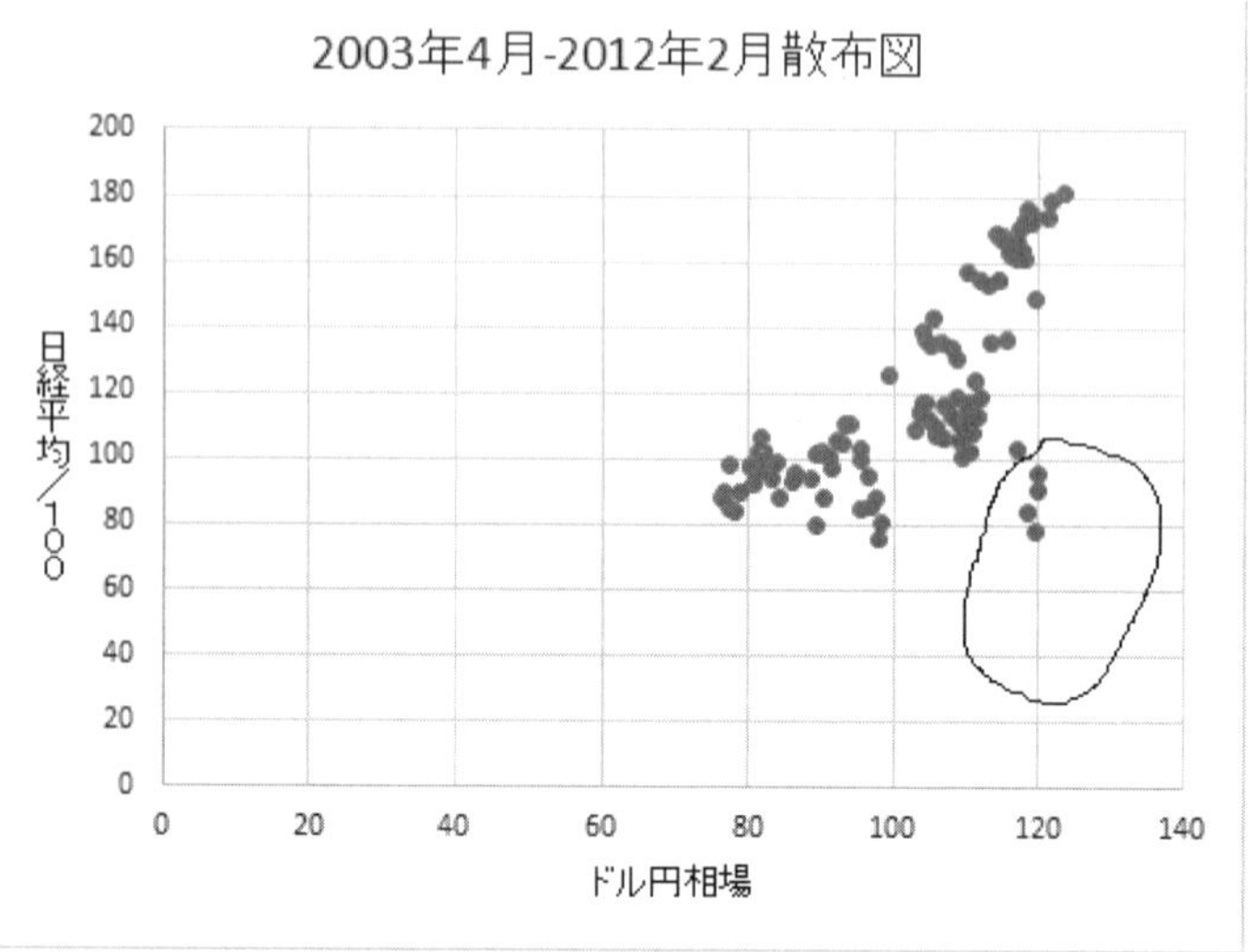

図表2-19 ドル円相場と日経平均の散布図

ひ銀行が合併してりそな銀行が誕生し、後に2兆円近い公的資金注入が行われた。また三井銀行とわかしお銀行の合併で三井住友銀行が発足するなど、政治的決定による経済上の大きな変化が起こっている。

3月は、イラク戦争が開戦した月でもある。

これらは、市場に大きな影響を与える要因となり得るであろう。

実際このあと、4月28日、日経平均は、7607円という1982年以来の大底を記録した。ところが、その後、10月には1万1000円台をつけて急回復するなど、株式市場で大きな変動が進行した時期である。

この相関係数そして、散布図は、社会・経済環境の変化と見事に連動していると言えないであろうか。

ちなみに、最近のデータでみると
2012年3月から2014年2月の相関係数＝0.985497
とさらに相関が強くなっている。

どうやら先ほどの仮説は幾つかの特別な状況を考慮に入れれば成り立つようであるが、実は今後この相関が構造的な理由で崩れるのではないかという指摘もある。

長い間の円高で、多くの製造業が製造拠点を海外に移してしまい、円安に振れてもその恩恵が得られなくなってきているという見方である。もちろん、原発停止に伴うエネルギー原材料の輸入増加などで、円安は今やプラスではなくマイナス要因だと見る見方もある。

◎何が結論として得られたのか

相関係数そして散布図という大変シンプルな方法で、大きなテーマに一応の結論が得られた。日米のマネタリーベース比はドル円為替と相関する。ドル円為替は日経平均と相関する。つまり、第一部の冒頭に述べたように、株価がずっと上がっていくには、いつまでも円安が続いて、そのためには米国より「たくさん」マネーを日銀が市場に供給し続けることが必要になる。

しかし、そんなことをずっと続けられるわけはなく、いずれ日銀のマネタリーポリシーは変わらざるを得ない。それがいつか、今は誰も分からないが、先に米国が量的緩和縮小（テーパリング）に入った。マネタリーベース比の値が小さくならないためには、分母である米国マネタリーベースが縮小しても数字上は同じである。はたしてそのようになっても、米国の景気は自律回復していくのか。さらに、今後の米国金利上昇は、市場に極めて大きな影響を与える。

一方で、デフレの入り口にいると言われる欧州は大規模な金融緩和に乗り出すとも言われる（2014年夏時点）。1990年代後半の日本が反面教師なのだそうである。

だが、金融緩和で市場に流れ出たマネーが少し逆流しただけで新興国経済が影響を受けたように、EU発の緩和マネーが実際に周りに影響を及ぼすのかを見極めるのは簡単ではない。今後を見通すには複雑な要因が幾つもある。

投資家は様々な問題について何かに依拠した自分の判断が求められる時代である。そして、常に色々な情報をチェックしなければならない。インターネットによる情報収集や優秀なソフトウェアは不可欠な時代に入った。

〔著者紹介〕

山本　喜則（やまもと　よしのり）

高崎経済大学名誉教授

東京教育大学理学部応用数理学科卒，京都大学工学博士。

知能情報処理，社会科学関係の研究に従事。

文科省教員組織審査M ㊅（博士前期課程情報学），

同D ㊅（博士後期課程経営学）。

『ネットワーク技術を内包する現代の情報処理』，

『聖地軽井沢（共）』（ともに税務経理協会）など

論文，著書多数。

著者との契約により検印省略

平成26年11月15日　初版第１刷発行

投資家は何を目安にして投資信託を選んでいるのか

－役に立つ投信選択基準をExcelで！－

著　者	山　本　喜　則
発行者	大　坪　嘉　春
印刷所	税経印刷株式会社
製本所	牧製本印刷株式会社

発行所　〒161-0033 東京都新宿区下落合２丁目５番13号　株式会社 **税務経理協会**

振　替 00190-2-187408　電話 (03)3953-3301（編集部）

ＦＡＸ (03)3565-3391　(03)3953-3325（営業部）

URL　http://www.zeikei.co.jp/

乱丁・落丁の場合は，お取替えいたします。

ISBN978-4-419-06183-8　C3033